Lydia Hauenschild · Ohne Netz und doppelten Boden

Lydia Hauenschild

Ohne Netz und doppelten Boden

Vom Umstand, mit Anstand Mutter zu sein

Gerd J. Holtzmeyer Verlag

Lydia Hauenschild, geboren 1957 in Deggendorf/Bayr. Wald, studierte nach dem Abitur Agrarwissenschaften in Göttingen.
Sie lebt heute als Mutter, Hausfrau und freie Autorin (in dieser Reihenfolge!) mit ihrem Mann und zwei Kindern in Dirmstein/Pfalz, und engagiert sich als Mitglied der Deutschen Hausfrauengewerkschaft (dhg) besonders für die Rechte heutiger Familienfrauen.

Im Gerd J. Holtzmeyer Verlag sind von ihr bereits erschienen: "Zwillinge – die doppelte süße Last", (1988), und "Wann trägt man als Mutter schon Seidenstrümpfe" (1989).

Zeichnung Titel: Philipp Hauenschild
Zeichnung Rückseite: Bernhard Hauenschild

Satz: Fotosatz Meinecke, 3341 Denkte
Druck: RGG-Druck, 3300 Braunschweig

ISBN 3-923722-41-9

Inhalt

Ich rechne es meinen beiden Freundinnen Annick und Angelika hoch an, daß sie mich selbst dann noch ertragen, wenn ich meine literarischen Nervenzusammenbrüche inszeniere, und mich von ihnen mit vielen guten Worten und noch mehr Kannen Tee jedesmal wieder hochpäppeln lasse.

Besonders aber danke ich Angelika für all die selbstgebackenen Amerikaner, die ihr meine Söhne wegfutterten, und für ihre Opferbereitschaft, dieses Buch als erste gelesen zu haben.

Aller Anfang ist schwer

So rasch hatte ich es nicht erwartet.
Doch das Sehnen nach dem Tag, an dem meine Kinder endlich drei Jahre alt werden würden, um den örtlichen Kindergarten besuchen zu können, begann tatsächlich bereits kurz nach der Geburt meiner Söhnchen. Eigenartigerweise verlief mein Alltag als frischgebackene Mutter von Zwillingen völlig anders, als ich es mir während rosiger neununddreißig Schwangerschaftswochen erträumt hatte.
Sicher, es war schön, zwei süße, kleine und vor allem gesunde Schnuckelchen in ihren Bettchen beim Schlafen beobachten zu dürfen. Aber dort lagen Philipp und sein zwei Minuten jüngerer kleiner Bruder Bernhard ja andererseits nicht immerzu. Vielmehr wollten sie umsorgt und nur wenig später zu allem Überfluß auch noch beschäftigt werden. Und außer Rainer, dem stolzen Erzeuger und Ernährer unseres doppelten Glückes, war niemand am Horizont zu erblicken, der diese Aufgabe mit mir hätte teilen können.
An manchen Tagen knabberte ich daher hart am Brot unserer mobilen Gesellschaft, die ihre erwachsenen Kinder aus Berufsgründen weit von ihren Eltern fortziehen läßt, um sie auf diese Weise ihrer nächstverwandten kostengünstigen Babysitter zu berauben. Zwar hatten Rainer und ich unserem Portemonnaie nach dem ersten Geburtstag der Kinder einen Ruck gegeben und ein Mädchen aus der Nachbarschaft engagiert, um die Kinder ab und an spazierenzufahren; aber selbst dies entpuppte sich bei genauer Betrachtung nur als ein Tropfen auf den heißen Stein, denn der Stundenplan strebsamer Abiturientinnen harmoniert leider nicht allzu oft mit den bescheidenen Bedürfnissen junger Mütter. War auch nur eines meiner kleinen Goldstücke krank, kam ich oft zwei oder drei Tage nicht vor die Türe, um das fiebrige Etwas auf keinen Fall bedrohlicher Zugluft auszusetzen. Es alleine zu lassen, und sei es auch nur, um kurz zum Metzger zu radeln, lag ohnehin jen-

seits meines gluckenhaften Vorstellungsvermögens.
Rund um die Uhr Mutter, kaum einen Schritt alleine: kein Wunder, daß mir der Kindergarten für Philipp und Bernhard mit den Monaten wie eine verführerische Fata Morgana vor den nervös zuckenden Augen tanzte.
So war ich froh, zusammen mit Rainer nach unserem Fortzug aus Braunschweig als neue Heimat ein gemütliches Dorf in der Pfalz gewählt zu haben, denn dieses von Weinreben umgebene Fleckchen bot unserer kleinen Familie alles, was wir brauchten: den Kindern die Ruhe des ländliches Lebens, Rainer die rot und weiß funkelnden Früchte harter Winzerarbeit, und mir die Gewißheit, Philipp und Bernhard nach ihrem dritten Geburtstag postwendend in den Kindergarten bringen zu dürfen. Denn Plätze waren hier auf dem Lande anders als in den umliegenden Städten keine Mangelware.

Die Kinder gediehen dank der Landluft und trotz meiner Pflege prächtig und wurden regelmäßig ein Jahr älter. Aber - was war denn nun wieder mit mir los?
Anstatt Freudentänze aufzuführen, weil der helle, freundliche und nur ein paar hundert Meter entfernte Ort meiner Begierde bald auch für Bernhard und Philipp seine Pforten öffnen durfte, ertappte ich mich immer häufiger dabei, meine Kinder sorgenvoll zu beobachten. So klein und schutzbedürftig wirkten sie mit einem Mal, wenn andere Kinder um sie herumtobten, was allerdings selten der Fall war. Viel zu zart für den brutalen Alltag inmitten dreiundzwanzig wilder Kindergarten-Rambos. Und eines Morgens erwachte ich mit dem Gefühl, eine böse Rabenmutter zu sein, die ihre Kinder in das harte Leben hinausstößt, nur, um endlich wieder in Ruhe zur Toilette gehen zu können.

Diesen Gedanken gestand ich einige Wochen später in einem Anfall grenzenloser Offenheit sogar der Leiterin des Kindergartens. Zwar verschonte ich sie aus Rücksicht auf ihre ehrfurchtsheischende Nonnentracht mit meinen persönlichen

Entsorgungsproblemen; aber ich erwähnte das Wort „abschieben”.
„Ich bitte Sie, Sie schieben Ihre Kleinen doch nicht ab, wenn Sie sie in unseren Kindergarten bringen”, versuchte die Leiterin daraufhin leicht verschnupft die Sorgenfalten auf meiner Stirn zu glätten. „Sehen Sie, im Kindergarten erleben die Kinder doch so viel. Wir singen, spielen und basteln, gehen auch mal spazieren oder besuchen einen Bauernhof. Glauben Sie mir, es wird den beiden gefallen.”
Also glaubte ich ihr. Philipp und Bernhard hatten während des Gespräches abwechselnd auf meinem Schoß gehockt und sich in der großen Halle des Kindergartens an einem Holztraktor zu schaffen gemacht, dessen Anhänger mit Bauklötzchen beladen war. Ja, sie schienen sich hier wohl zu fühlen, man sah es an der Art, wie sie ungehemmt die Klötzchen durch die Gegend warfen. Und sie schienen sich selbst dann noch wohlzufühlen, als die Leiterin sie höflich aber bestimmt bat, wieder aufzuräumen. Ich grinste. So wehte hier also der Wind! Nun, es würde Philipp und Bernhard bestimmt nicht schaden, Ordnung halten zu lernen.
Am Abend unterrichtete ich Rainer vom pädagogischen Nährwert des Kindergartens, erklärte auch ihm, daß ich keine Rabenmutter sei, obwohl er dies nie behauptet hatte, und beschloß zufrieden, am Wochenende für Philipps und Bernhards nahenden schicksalshaften dritten Geburtstag die Geschenke zu besorgen. Zwei hübsche Umhängetaschen und ein Buch mit dem bedeutsamen Titel „Morgen geh' ich in den Kindergarten” sollten es sein.

Daß der Geburtstagstisch trotzdem üppig gefüllt war, lag an den Mitbringseln der Großeltern, die zur Feier des Tages angereist waren. So hatten es die kleinen Taschen zunächst schwer, sich gegen die Übermacht der gewaltigen Lego-Kästen, Lastwagen und Rettungshubschrauber zu behaupten.
„Was sollen denn das für Taschen sein?” fragte sogar mein Vater, als sich Philipp und Bernhard dann endlich doch ge-

neigt zeigten, die unscheinbaren Dinger wahrzunehmen und sich um den Hals zu hängen.
„Die sind für den Kindergarten", erklärte ich stolz, „in sechs Wochen ist doch der große Tag, gleich nach den Ferien."
„Pfffh, großer Tag", meckerte mein Vater, „die beiden sind noch viel zu klein. Du raubst ihnen ja jetzt schon die Freiheit! Ich hätte noch wenigstens ein Jahr gewartet!"
„Ja du", stöhnte ich, so verhalten ich konnte, und schluckte das restliche ‚dir rauben die beiden ja nicht auch schon seit drei Jahren den letzten Nerv, du hast leicht reden!' tapfer hinunter. Allerdings weniger, um eine nette Tochter zu bleiben, sondern um die Kinder nicht noch weiter zu beunruhigen, die mit ihren Luchsohren jedes Wort mitgehört hatten. Ich war meinem Vater ungemein dankbar, seine Zweifel an der Richtigkeit meiner Entscheidung in seiner feinfühligen Art ausgerechnet vor Philipp und Bernhard von sich gegeben zu haben, denen ich seit Wochen vorschwärmte, wie schön es im Kindergarten sei. Irritiert blickten die kleinen Kerlchen von einem zum anderen.
„Hört nicht auf den Opa", riet ich ihnen begütigend, „der Opa war nämlich nie im Kindergarten, der hat gar keine Ahnung." Und dann verschwand ich in der Küche, um als Festessen extralange Spaghetti zu kochen, die meinen bratkartoffelverliebten Vater jedesmal zu Verzweiflungsausbrüchen trieben.

Solange mein Vater noch zu Besuch war, mühte ich mich redlich ab, jedem Gespräch, das auf die sensible Thematik der brutalen Unterjochung seiner Enkel zuzusteuern drohte, rechtzeitig durch Bemerkungen über die Temperaturen in Island die Luft abzulassen, um uns allen weitere Volltreffer zu ersparen.
Und so kam auch das neue Buch der Kinder erst richtig zur Geltung, als meine Eltern wieder abgereist waren.
„Morgen geh' ich in den Kindergarten", las ich also vor, und Bernhard hakte sofort ein: „Sson morgen?"
„Nein, so heißt nur das Buch."

Dann konnte es richtig losgehen. Auch für mich offenbarte das Buch Neuland. Denn obwohl ich mir ungefähr denken konnte, wie es in einem Kindergarten zugeht - drinnen war ich als Kind nie gewesen. Ja, ich hatte nicht einmal geahnt, daß es so etwas gab, bis in der ersten Klasse ein Mädchen vor unserer Lehrerin mit einigen kleinen Verschen zu glänzen verstand und stolz kundtat, die hätte sie im Kindergarten gelernt. Mir Wildwuchspflanze hingegen waren solche Dinge bei meinen Streifzügen durch den Wald hinter meinem Elternhaus natürlich noch nie in die sorgfältig ungeputzen Ohren gedrungen.
Gemeinsam mit den Kindern las ich mich also in den nächsten Wochen immer wieder an den Zeichen der Garderobenhaken entlang, besichtigte den Wasch- sowie den Gruppenraum und bestaunte den Hof mit seinen vielen Spielgeräten. Dankbar registrierte ich, wie sich die Autorin zudem spürbar Mühe gegeben hatte, der Zielgruppe ihres kleinen Büchleins schonend beizubringen, daß ihre Mama weggehen, jedoch auch ganz selbstverständlich wiederkommen würde.

Aber in der Nacht vor dem 16. August war mir schließlich doch mulmig. Waren Philipp und Bernhard denn wirklich schon robust genug für eine Gruppe von 25 Kindern, selbst wenn die beiden in den nächsten Tagen immer nur eine Stunde dortbleiben sollten? Und hatte das verflixte Buch nicht allzu hohe Erwartungen geweckt? Immerhin wurde darin zugleich gesungen, gebacken, mit Wasserfarben gemalt und im Hof gespielt, und all dies hatte meinen Würmchen gut gefallen. Hoffentlich würden sie nicht allzu enttäuscht sein, wenn morgen nicht alles gleich wie gedruckt ablief...
Sorgen über Sorgen rannten durch meinen Kopf, ehe der Morgen graute, vor dem mir so graute. Doch dann nahmen mich meine Kinder nach dem Frühstück liebevoll an den Händen und zogen mich zielstrebig den ersten Weg in ihre Selbständigkeit entlang. Samt niegelnagelneuen blauen Kindergartentaschen um die Hälse. Vor lauter Aufregung vergaß ich völlig, zu Hause noch rasch ein paar Bilder zu schießen, die ich spä-

ter mit dem Vermerk „Der erste Kindergartentag" ins Album hätte kleben können.

„Aha, da sind ja die beiden!" begrüßte uns die Leiterin von Philipps und Bernhards neuer Gruppe und stellte sich als Frau Zeller von den „Zwergen" vor. Ungelenk zog ich meinen Söhnchen unter ihren Blicken die Schuhe aus und half ihnen in ihre kleinen Kindergartenpantoffeln, wobei ich mit Frau Zeller Konversation zu treiben versuchte, was nicht eben leicht war. Anschließend führte sie uns durch alle Räume. Mir fiel ein Stein vom Herzen, als ich sah, daß wenigstens der äußere Rahmen des Kindergartens mit den Bildern im Buch übereinstimmte. Ich kam mir vor wie Schneewittchen bei den sieben Zwergen: alles so klein und fein, die Tischileins, die Waschbeckileins und die Toilettileins. Rasch hängte ich noch zwei passende Handtüchileins an die Häkileins mit einer „Kuh" für Bernhard und einem „Knopf" für Philipp als Symbol. Schließlich standen wir wieder vor der Tür zum Gruppenraum.
„Also, dann viel Spaß, meine Süßen", schmuste ich Philipp und Bernhard ins Ohr und mein Herz wummerte laut. „Tschüssele, ich hol euch in einer Stunde wieder ab, das ist gar nicht lange." Nun saß der Schmerz schon im Hals.
„Ja, gehen Sie jetzt mal. Es wird schon alles gut gehen," lächelte die Kindergärtnerin freundlich.
Sie verhinderte damit, daß ich auf ewig bei meinen bedauernswerten Kindern auf dem Boden hockte, um ihnen zu beteuern, wie rasch ich wiederkommen würde. Nach Frau Zellers dezentem Wink mit dem Zaunpfahl wagte ich das nicht mehr. Es war ja wohl wirklich das Beste, nun zu verschwinden, so weh es ihnen auch tun mochte. Schließlich hatten sie noch keine rechte Erfahrung darin, von mir getrennt zu sein.
Doch dann ging alles überraschend gut: ich weinte nicht.

Um die gewonnene Stunde Unbehagens wenigstens einigermaßen sinnvoll zu nutzen, beschloß ich, im nahegelegenen Supermarkt einzukaufen.

„Wo haben Sie denn heute Ihre Kinder?" fragte mich die Wurstverkäuferin, noch bevor ich „150 Gramm Salami" bestellen konnte, und ich lebte förmlich auf, weil ich endlich jemandem erzählen durfte, daß Philipp und Bernhard heute zum ersten Mal den Kindergarten besuchten. An der Kasse wiederholte ich das Ganze gleich noch einmal. Dann raste ich zurück zum Kindergarten und preßte mein Ohr die restliche Viertelstunde bis zum Klingelndürfen an die Glasscheibe der Eingangstür, um zu horchen, ob meine Würmchen weinten. Nichts. Das Glas war einfach zu dick. Oder wimmerte da nicht doch ein dünnes Stimmchen?
Es mußte ein Irrtum gewesen sein. Denn als mir Frau Zeller nach Ablauf einer meiner längsten Stunden die Türe geöffnet hatte, verzehrten sich Bernhard und Philipp keineswegs vor Sehnsucht nach mir. Sie saßen in einer Ecke des Zimmers und steckten friedlich Bausteine aufeinander. Als sie mich erblickten, stürmten sie dann aber glücklicherweise doch auf mich zu. Besonders Bernhards Begrüßung fiel überraschend herzlich aus:
„Da biss' du ja wieder. Wie im Billerbuch", quietschte der kleine Spatz und erdrückte mich fast vor Freude, so daß ich mich kaum in der Hocke halten konnte.
„Wir waren aber nich' im Hof", moserte Philipp. „Und die anderen Tinder machen so Lärm."
„Ach, ihr Süßen!" Lachend umarmte ich mein doppeltes Glück, genoß es, sie wieder zu haben und beim Schmusen ihre zarte Haut zu spüren und bemühte mich geflissentlich, die kritischen Blicke der Erzieherin zu ignorieren.
Dabei hatte ich gar nicht vor, Frau Zeller zu kurz kommen zu lassen, sondern rappelte mich, nachdem ich mich sattgeschmust hatte, auf, um sie zu fragen, wie es geklappt hätte.
„Oh, es gab keine Probleme. Sie sind ja zu zweit, da leben sie sich sicher rasch ein", erhielt ich als Antwort.
Und so verabschiedeten wir uns und hängten zu Hause Philipps erstes selbstgeklebtes Bild feierlich neben meinem Bett auf.

Auch in den nächsten Wochen zeigten sich meine beiden Kerlchen von ihrer neuen Welt hellauf begeistert. Keine Tränen, keine Wutausbrüche, alles eitel Sonnenschein. Es mußte wohl wirklich daran liegen, daß sich Philipp und Bernhard gemeinsam in der Gruppe bewegen konnten. Ein wenig vertraute Umgebung war durch den Bruder immer vorhanden. Und da einem Zwilling sein Zwilling meist mehr bedeutet als seine Mama, konnte ich getrost von der Bildfläche verschwinden. War es also doch gut gewesen, auf die Kindergartenleiterin zu hören und die Kinder gegen meinen Wunsch in eine Gruppe zu stecken? Aber wie sollten meine Unzertrennlichen andererseits jemals lernen, ohne den anderen zurechtzukommen?
Ich beschloß, dieses Problem zu vertagen und mir das streßarme Hemd näher als die pädagogische Jacke sein zu lassen. Die Hauptsache war schließlich, daß meinen Würmchen ein leichter Start in den Kindergartenalltag gelungen war.

Um ihn auch mir erträglicher zu gestalten, hatte ich als liebsorgende Mutter gleichzeitig mit dem Eintritt in den Kindergarten eingeführt, mit Bernhard und Philipp morgens noch ausgiebig im Ehebett zu schmusen. Oder besser gesagt: ich führte es nicht ein, sondern pflegte die Fortsetzung einer alten Tradition unseres Hauses. Im Laufe der Jahre hatte es sich bei uns eingebürgert, nach meinem ersten hausfraulichen Rundumschlag in der Küche erst einmal ausgiebig im elterlichen Bett zu kuscheln, bevor ich dieses für den Rest des Tages zur Tabuzone erklärte.
Um mein seelisches Trennungsschmerzdrama in Grenzen zu halten, beschloß ich also, diese Nestwärmeminuten beizubehalten. Ich meinte, wozu mit Traditionen brechen, wenn sie mir guttaten. Und zunächst klappte auch alles vorzüglich. Ich stellte meinen Zeitplan ein wenig um, ließ den Haushalt nach dem Frühstück Haushalt sein und legte mich mit Bernhard und Philipp ins Bett. Wenn wir uns nicht gerade gegenseitig vor Liebe aufknabberten, spielten wir meist Mama und Kinder, wobei ich das Kind sein durfte. Oder wir waren Wurzelkinder,

die sich im Winter unter der warmen Bettdecke verkriechen wollten. Es war ungeheuer gemütlich.
Doch mit zunehmender Kindergartenzugehörigkeit änderten sich die Spielchen. Zwar waren Philipp und Bernhard nach wie vor begeistert, wenn sich unsere kleine Karawane nach dem Frühstück in Richtung Schlafzimmer in Bewegung setzte, aber was man in Kleinkindkreisen nun unter Kuscheln verstand, grenzte an Körperverletzung. Meines Körpers selbstverständlich. Ich stöhnte und lockte: „Philipp, Bernhard, wollt ihr nicht kuscheln? Nachher geht's doch in den Kindergarten!"
„Wir kuscheln doch!" ächzte Bernhard aus der Balgerei heraus.
„Nun kommt doch schmusen!" schnurrte ich wieder.
„Nein, wir wollen lieber Bettspiele machen!" brüllte Philipp.
Meine Funktion bei diesen Bettspielen war eher untergeordneter Natur. Meist hatte ich irgendein Untier darzustellen, vor dem es zu fliehen galt, sobald es unter der Bettdecke hervortauchte. Gelegentlich beschlich mich das Gefühl, es sei vollkommen unwesentlich, ob ich im Bett hockte oder nicht, denn meine Herren nahmen oft gar keine Notiz von mir. Statt Küssen erntete ich Rippentriller oder war der Baumstamm im Fluß(bett), der übersprungen werden mußte (und den man dabei immerzu traf). Einige Zeit versuchte ich daher, die Kuschelstunde ganz abzuschaffen, um meinem Körper die Chance zu geben, sich von seinen blauen Flecken zu erholen. Aber wehe, ich versuchte aus dem Bett zu fliehen!
„Mama, wir wollen doch kuscheln!" entrüstete es sich prompt von der Bettdecke her.
„Ja, aber ihr kuschelt doch gar nicht!" rief ich dann, und ergab mich verzweifelt meinem Schicksal, als schmusender Baumstamm in die Geschichte einzugehen. „Ich verstehe was ganz anderes unter kuscheln!" jammerte ich weiter. Puff, war Philipp auf meinem Magen gelandet.
Das war es wohl: wir hatten im Laufe der Zeit schlicht unterschiedliche Interpretationen darüber entwickelt, was im Bett gemütlich ist.

Aber nicht nur darüber schieden sich unsere Geister. Auch die Frage, ob der Kindergarten eine feine Sache sei oder nicht, ließ unterschiedliche „Geschmäcker“ zu Tage treten.
Philipp und Bernhard besuchten die „Zwerge” nun schon fast vier Monate. Die kleinen, zarten Pflänzchen hatten sich zu immer noch kleinem, aber kräftigem Unkraut entwickelt, das bereits mit einem erstaunlichen Repertoire an Schimpfwörtern gedüngt worden war. Und im gleichem Maße, wie der Wortschatz zugenommen hatte, war die anfängliche Begeisterung abhanden gekommen. Wenn Bernhard und Philipp auch noch immer ohne allzu groß zu murren in ihre Gruppe schlurften - der erste Schwung war verloren gegangen.
Ich hingegen wurde umso schwungvoller, je länger meine Süßen den Kindergarten heimsuchten. War ich zu Beginn noch jeden Morgen mit mulmigem Gefühl von der Tür des Gruppenraums fortgeschlichen und hatte zu Hause das Telefon lauter gestellt, um einen eventuellen Anruf Frau Zellers selbst beim Wäscheaufhängen im Hof hören zu können, so hatte sich mittlerweile sogar meine Hektik beim Saubermachen gelegt. Ich flog nicht mehr durch das Haus, als wären sieben nackte Wilde hinter mir her, obwohl es doch nur ein harmloses Zwillingspärchen gewesen war, das mich in den vergangenen drei Jahren auf Trab gehalten hatte. Jedenfalls ertappte ich mich eines Tages beim Kartoffelschälen dabei, wie ich vergnügt zu summen begann, als ich bereits die dritte Knolle in der Hand hielt, ohne auch nur ein einziges Mal unterbrochen worden zu sein. Tatsächlich – so bescheiden konnte man durch drei jahre Mutterschaft werden!
Und während ich fröhlich weiter vor mich hinträllerte und -schälte, ließ ich meine Gedanken in den Kindergarten spazieren: Was Bernhard und Philipp dort wohl gerade trieben?

Ene, mene, muh, und 'raus bist du!

So schön mein gestillter Hunger nach ein wenig Freiheit nämlich auch war - ungewollt schmerzte es doch, wie sehr sich Bernhard und Philipp mit ihrem Hineinwachsen in die „Zwerge" von mir zu entfernen begannen. Plötzlich fehlten mir ein paar Stunden des Tages mit ihnen. Keine Ahnung, was sie in dieser Zeit anstellten.

„Na, wie war es heute im Kindergarten?" hatte ich in den ersten unerfahrenen Wochen noch gefragt, wenn wir nach dem Abholen gemütlich nach Hause zockelten.

„Gut", hatte dann in schöner Regelmäßigkeit stets einer der beiden geantwortet. Nun, das war immerhin schon etwas, wenn es meine Neugierde auch nicht vollkommen befriedigte.

„Das ist fein", bemerkte ich daher und formulierte meine Frage präziser: „Was habt ihr denn gemacht?"

„Eigentlich nichts", nuschelte meist Bernhard zurück und absolvierte nebenher mit seiner Umhängetasche schwierige Fliehkraftübungen, denen seine ganze weitere Aufmerksamkeit galt, während er sich wie ein Brummkreisel drehte. An dieser Stelle begann ich üblicherweise meinen Pulsschlag zu zählen.

„Ja, aber was habt ihr denn dann so den Vormittag über getrieben? Ich meine, ihr müßt doch was gemacht haben! Habt ihr zusammen gesungen?" schlug ich verzweifelt vor.

„Nö." Philipp grinste und bohrte hingebungsvoll in seiner Nase nach einem lukrativem Popel, um ihn anschließend genüßlich zu verspeisen. Mittagessen gab es schließlich erst in einer halben Stunde. Ich überlegte kurz, ob ich ihm zum hundertundeinsten Mal erklären sollte, daß ich dieses Recycling nicht allzu appetitlich fand, entschied mich jedoch wegen Zwecklosigkeit dagegen und fragte lieber noch einmal:

„Oder habt ihr etwas gebastelt?"

„Eigentlich haben wir wirklich nichts gemacht, Mama", antwortete Philipp, und leckte seinen Finger ab.

„Na schön. Aber ihr habt doch bestimmt mit anderen Kindern gespielt?"
„Nö, wir haben doch uns...", ließ nun wieder der Brummkreisel verlauten.

Irgendwann sah ich ein, daß derartige Nachforschungen keinen Zweck hatten. Selbst wenn ich beim Abholen aus alter Gewohnheit noch immer „Na, wie war's?" fragte - eine ernsthafte Antwort erwartete ich nicht mehr. Besonders, seit ich nach einem Wochenende bei alten Freunden verblüfft festgestellt hatte, wie einsilbig sogar ich sein konnte.
„Na, wie war's?" hatte mich Rainer gleich beim Abholen am Bahnhof interessiert gefragt.
„Gut", hatte ich geantwortet.
Zu mehr war ich so kurz nach all den aufregenden Gesprächen einfach nicht in der Lage gewesen. Wo mit dem Erzählen anfangen? Erst nach und nach sprudelten Einzelheiten aus mir heraus.
'Was dem einen sein Wochenende, mag dem anderen sein Vormittag sein', sagte ich mir hinterher, und verstand nun, daß es für Philipp und Bernhard wirklich zu schwierig war, sofort nach Kindergartenschluß einen zusammenfassenden Bericht abzuliefern.

Doch glücklicherweise führen ja bekanntlich viele Wege nach Rom. Und so lernte ich, auf das Mittagessen zu warten, das sich mittlerweile meist recht informativ entwickelte. Es schien, als würde der Verzehr von Bratwurst mit Pommes frites auch die Verdauung des Kindergartenalltags in Gang setzen.
„Du Mama, wir haben heute gemalt. Mit grün", begann zum Beispiel Bernhard zwischen zwei Fritten hervorzumümmeln, woraufhin Philipp diese Behauptung unmöglich unwidersprochen im Raum stehen lassen konnte:
„Nee, Bernhard, so war das nich'", brüllte er. „Wir haben rot gemalt!"
„Vielleicht hat Bernhard grün und du rot gemalt", warf ich in

die Debatte ein.
„Nee Mama, wir haben alle grün gemalt, mußten wir ja, für die Wiese", erklärte mir Bernhard aufgebracht.
„Ich habe rot gemalt!" brüllte Philipp, und seine Augen begannen verdächtig zu glänzen.
„Vielleicht hast du keine Wiese gemalt, Philipp. Was hast du denn gemalt?" fragte ich behutsam.
„Nee Mama, er *mußte* eine Wiese malen. Frau Zeller hat gesagt, wir *müssen* eine Wiese malen!" Eifrig schaufelte Bernhard weitere drei Pommes frites in sich hinein, wobei er allerdings seinen Bruder wohlweislich im Auge behielt.
„Du Blödmann, du weißt gar nichts! Ich hatte rote Wasserfarbe für die Blumen!" kreischte dieser nämlich jetzt erwartungsgemäß, schoß über den Tisch, um seinem widerlichen Zwilling an die Gurgel zu springen, und tunkte dabei mit den Ärmeln in das Ketchup.
„So, jetzt reicht es." Ich zerrte die Streithähne wieder in ihre Ausgangspositionen zurück, überlegte, ob es wirklich so sinnvoll gewesen war, beide in eine Gruppe zu stecken, und zog Philipp den Pullover aus.
Unterm Strich hatte sich die ganze Veranstaltung aber wieder einmal für mich gelohnt. Nun wußte ich immerhin, daß heute mit Wasserfarben eine Blumenwiese gemalt worden war.
Ein paar Tage später hingen die fertig gemalten Bilder der „Zwerge" im Vorraum des Kindergartens aus: eine Wiese mit roten Blumen und blauem Himmel darüber war es geworden. Von blau hatten die Kinder gar nichts erwähnt. Aber wahrscheinlich hätte mich diese Information zwei Teller gekostet.

Die spontanen Unterhaltungen am Mittagstisch und zuweilen auch beim Kuscheln vor dem Zubettbringen, die ausgestellten Bastelarbeiten, das am schwarzen Brett ausgehängte Rahmenprogramm der Gruppe und ab und an morgens beim Hinbringen ein kleiner Abstecher in den Gruppenraum - fügte ich all diese Teile wie der treue Doktor Watson zusammen, so gelang es dem verborgenen Sherlock Holmes in mir, ein recht auf-

schlußreiches Bild darüber zu erhalten, womit sich Philipp und Bernhard den Vormittag über bei den „Zwergen" beschäftigten. Und doch reichte dies alles nicht aus, um in mir das Gefühl des Ausgeschlossenseins völlig zu beseitigen. Denn wenn ich nun auch wußte, was meine Kinder bauten und bastelten, so wäre es immerhin noch ganz nett gewesen, zu erfahren, was die anderen Kinder mit ihnen trieben. Wurden „die Zwillinge", wie sie alle nannten, von ihnen geschubst oder links liegen gelassen? Oder spielten sie zusammen?
Zu meinem großen Leidwesen schwiegen sich Philipp und Bernhard gerade über diesen Punkt meist beharrlich aus, ganz so, als fiele es meinen Männern schon als Kinder schwer, über Gefühle zu sprechen.
Also fragte ich eines Tages in meiner Not Frau Zeller.
„Da ist alles in Ordnung", antwortete sie.
„Aber die Kinder erzählen mir immer, wenn ich sie frage, sie würden mit niemand anderem spielen. Sie hätten ja sich, meinen sie", hakte ich besorgt nach.
„Na ja, das wird sich schon geben."
Man konnte wirklich nicht behaupten, daß Frau Zeller sich in ihrer entschiedenen Art jemals zu unnütz vielen Worten hinreißen ließ. Andererseits wirkte sie nie unfreundlich - sie war, verläßlichen Informationen zufolge, lediglich kinderlos.
Und deshalb verstand *ich*, warum *sie* nicht verstand, wie sehr ich als frisch entwöhnte Mutter nach ganzen Sturzbächen trostreicher Worte lechzte. Wie sollte auch jemand, der keine eigenen Kinder hat, nachvollziehen, was eine Mutter tief drinnen fühlt, die drei Jahre lang für jeden Schritt ihrer Kleinen alleine verantwortlich war und nun einen Teil dieser Aufgabe an eine andere abgeben sollte? Selbst, wenn besagte Mutter sich schon lange nichts sehnlicher als dies gewünscht hatte...
Keine noch so gute pädagogische Trockenübung konnte es mit all den durchwachten Nächten und vollgespuckten Nachthemden aufnehmen, die mir bereits beschieden worden waren, das war klar. Zumindest mir.
Doch was sollte es. Wichtig war schließlich vor allem, daß

Bernhard und Philipp mit ihrer Erzieherin auskamen, wie es der Fall zu sein schien. Und offenbar war es meinen beiden sogar gelungen, Frau Zeller zu becircen, auch sie zu mögen. Darüber freute ich mich.

Statt mich auf Frau Zellers ausschweifende Informationen zu verlassen, versuchte ich weiter, aus den feinen Untertönen in den kleinen Gesprächen mit Bernhard und Philipp herauszuhören, wie die beiden mit ihren Kameraden zurechtkamen und stellte beruhigt fest, daß es wohl keine gehirnerschütterungsreifen Auseinandersetzungen mit den anderen gab. Allerdings schlicht und ergreifend deshalb, weil meine beiden tatsächlich kaum mit den anderen Kindern der Gruppe in Berührung kamen. Was mich wiederum beunruhigte.

Warum nur wollte niemand mit meinen Lieblingen spielen? Sie sahen doch sooo lieb aus und waren sooo reizende Kerlchen - bemerkten das die anderen Kinder denn nicht?

Und wollte sich denn wirklich kein Kind mit ihnen nachmittags zum Spielen treffen?

Augenscheinlich nicht. Und da mich Bernhard und Philipp auf meine Fragen, ob sie denn nicht ein nettes Kind aus der Gruppe zu uns nach Hause einladen wollten, nur verwundert anblickten, saßen wir weiterhin jeden Nachmittag in gewohnt trauter Dreisamkeit zu Hause herum oder streiften durch das Dorf. Keine kleinen Kinder in der Nachbarschaft, und - hier auf dem Dorf anders als in der Stadt - oft leere Spielplätze. Denn wozu auch auf den Spielplatz gehen: wir wohnten ja alle in Häusern mit Gärten und Sandkästen davor.

Philipp und Bernhard taten mir so leid. Wenn wir auf unseren Streifzügen tatsächlich einmal Kindern aus ihrer Gruppe begegneten, merkte ich an ihren strahlenden Augen, wie gerne sie mit ihnen gespielt hätten. „Du Mama, schau, das ist der Michael, der ist bei uns“, wurde mir dann aufgeregt erklärt und laut riefen sie „Hallo, Michael” in die kleine Schar vor uns hinein; aber der begehrte Mensch in kurzen Hosen tobte ungerührt mit seinen Freunden weiter, und hielt seine kleinen Gruppenkameraden nicht einmal eines Blickes würdig. Derart ausgeschlossen zu sein, tat weh. Nicht nur den Kindern.

Es begann, mir jedesmal einen kleinen Stich zu geben, wenn ich im allgemeinen Durcheinander nach Kindergartenschluß zur Mittagszeit mitanhören mußte, wie sich andere Kinder rings um uns her für nachmittags verabredeten.
„Mama, kann ich heut' nachmittag zur Sarah?" rief da manch kleiner Wuschelkopf, während ich Philipp und Bernhard in die Jacken half. Und die angesprochene Mutter steuerte mit einem liebevollen „mal sehen, mein Schatz" zielstrebig irgendeine andere Mutter an, plauderte ein wenig und arrangierte das Treffen der Kinder. „Also bis heute um halb drei!"
Ach, wie gerne hätte ich mitgeplaudert und für meine Söhnchen mitarrangiert! Doch wir saßen immer nur daneben. Bald erschienen mir die anderen wie eine Wand. Eine lachende, schwatzende Wand. Viele „Hallo, wie geht's Dir?" und „Grüß' den Helmut!" schwirrten durch den Raum, denn man kannte sich.
Uns dagegen kannte keiner. Und mir wurde bewußt, daß so ein Dorf mit seinen festgefügten Beziehungen für neu Zugezogene anfangs eine ordentliche Prüfung sein kann. Man grüßt die Neubürger, lächelt, wechselt sogar ein paar freundliche Worte - und geht weiter. Letzteres natürlich ohne böse Absicht. An echtem Kontakt besteht lediglich einfach kein Bedarf. Man hat ja bereits genug Bekannte.
Philipp und Bernhard schienen im Kindergarten dem gleichen Effekt ausgeliefert zu sein. Aber wie hatte Frau Zeller gesagt? ‚Das wird sich schon geben.'
Nun, was blieb mir anderes übrig, als dies weiter abzuwarten, auch wenn mich das vergangene halbe Jahr in dieser Hinsicht bereits auf eine harte Probe gestellt hatte.

Bei schönem Wetter opferte ich manchmal mittags ein paar Minuten Hausputz, was mir zugegebenermaßen nicht sonderlich schwer fiel, und spazierte früher als nötig zum Kindergarten, um meine Söhnchen aus einiger Entfernung hinter einem

Fliederbusch hervor auf dem großen Hof des Kindergartens beobachten zu können. Der Platz war sehr übersichtlich und nur durch einen niedrigen Zaun von dem kleinen Feldweg getrennt, den ich ohnehin oft benutzte, wenn ich zum Abholen ging.
Was ich sah, war selten geeignet, mich froh zu stimmen. Meist standen Bernhard und Philipp irgendwo in einer Ecke, manchmal sogar Hand in Hand, und guckten den anderen Kindern beim Toben zu. Unendlich verloren und einsam wirkten ihre kleinen Blondschöpfe.

Dafür strahlten Bernhard und Philipp jedesmal umso mehr, sobald ich meinen Lauerposten aufgab und mich blicken ließ. Aufgeregt winkten sie mir dann zu, schnappten sich einen herumliegenden Roller, zeigten mir abwechselnd ihre kühnsten Kunststückchen, und liefen immer wieder zu mir hin.
„Schön, daß du da biss', Mama. Willst du mal sehen, wo der Sandkasten is'?" Und schon war Philipp wieder auf Achse, um mir mit stolzgeschwellter Brust das nicht zu übersehende Ungetüm in der Mitte des Platzes vorzuführen.
„Toll", rief ich dann vom Rand aus und scherte mich einen feuchten Kehricht um die kritischen Blicke Frau Zellers, die stets am liebsten sah, wenn sie uns Mütter nicht sah. Wegen der Disziplin. Ich strahlte viel lieber mit Philipp und Bernhard um die Wette, deren Freude ansteckend war, mir wenigstens ein bißchen Kindergartenalltag zeigen zu können. Den albernen Zaun, der uns dabei trennte, und über den ich meine kleinen Prachtstücke am liebsten gehoben hätte, ignorierte ich dabei, so gut es ging.
Denn wenn ich auch begonnen hatte anzuerkennen, daß meine Kinder vormittags Teil der „Zwerge" waren - ein Teil von mir blieben sie immer.

Achtung, sie kommen!

Und nun stand Anna neben mir und wollte zu uns. Engel Anna.

Ich war gerade dabei gewesen, Philipp und Bernhard aus dem Kindergarten abzuholen und ihnen die Schuhe zuzubinden, als mich plötzlich eine helle Stimme aufgeregt am Mantel zupfte: „Du, kann ich euch mal besuchen?"
Ich guckte auf und blickte direkt in zwei strahlend blaue Augen, die eine kesse Stupsnase garnierten. Anna. Bernhard und Philipp hatten mir schon ein paar Mal von diesem kleinen Mädchen erzählt, das seit einigen Wochen wohl ab und an mit ihnen in der Puppenstube spielte. Meine Söhne waren von diesem Mädchen begeistert, und ich konnte das verstehen. Sie sah wirklich lieb aus. Doch Anna selbst einzuladen, war mir nicht in den Sinn gekommen: Schließlich war sie einer der alten Hasen, fünf ganze Jahre alt und, soweit ich das bislang mitbekommen hatte, Liebling der Gruppe. Anna, der Mega-Star. Und nun wollte sie zu uns. Ich freute mich für Philipp und Bernhard.

„Aber sicher kannst Du zu uns kommen. Weiß deine Mama Bescheid?" Erst bei diesen Worten nahm ich die sympathische junge Frau wahr, die zärtlich eine Hand auf Annas Schulter gelegt hatte. „Guten Tag, ich bin Annas Mutter. Doch ja, ich könnte Annchen vorbeibringen, ich weiß, wo Sie wohnen. Wann paßt es Ihnen denn?"
Wann? So eine idiotische Frage. Immer!
„Wenn Anna mag, kann sie heut' nachmittag kommen, wir haben nichts vor", sprudelte es aus mir heraus.
„Ach, heute paßt es uns leider nicht. Unser Opa hat heute Geburtstag; aber morgen könnte es klappen."
„Och", pflunschte Anna, „erst morgen." Ihre Ungeduld tat mir gut.

„Ja in Ordnung, morgen. Wenn ich es weiß, nehme ich mir nichts vor", entgegnete ich so souverän wie möglich.
„Gut, sagen wir um drei. Gell Annchen?"
Annchen nickte strahlend. Ich strahlte zurück. „Also tschüß, Anna, bis morgen dann!"
Philipp und Bernhard hatten dieser ganzen Unterhaltung mit offenen Schnürsenkeln gebannt gelauscht. Erst als Anna mitsamt Mama verschwunden war, erwachten sie aus ihrer Starre.
„Mama, wann kommt Anna?"
„Noch einmal schlafen", antwortete ich fröhlich und beschloß, für diesen ersten Gast meiner Kleinen eine Riesenpackung leckerer Schokoladenkekse zu besorgen.

Annchens Besuch wurde für uns alle ein fröhliches Ereignis. Schon zwei Stunden vor der vereinbarten Zeit schoben sich Philipp und Bernhard zwei Sessel an unser Wohnzimmerfenster und drückten sich gemeinsam die Nasen platt. Ich war daher aufrichtig erleichtert, als Annas Mutter etwas früher als abgemacht um die Ecke bog, denn sehr viel länger hätten die Nasenbeine diese elende Warterei nicht mehr ohne bleibende Deformationen mitgemacht.
Gleich darauf klingelte es Sturm. Als ich öffnete, fiel mir als erstes wieder ihre erstaunliche Stupsnase auf, und mir schoß der alberne Gedanke durch den Kopf, daß wohl auch Anna am Fenster klebend auf ihre Spielgefährten zu warten pflegt.
Annas Mutter drückte mir rasch eine Tüte mit rosafarbenen Hausschuhen in die Hand, erklärte, wenn etwas wäre, könnte ich sie leider nicht erreichen, sie führe in die Stadt und schlug vor, Anna um siebzehn Uhr wieder abzuholen. Dann startete sie erneut den Wagen, winkte noch rasch und rauschte davon.
Mir war alles recht. Endlich hatten wir unseren ersten leibhaftigen Kindergartenbesuch im Haus. Da Bernhard und Philipp seit Annas Auftauchen jedoch nur aufgeregt kichernd wie Ziegenböcke durch die Gegend hüpften, schienen sie mir als Empfangschefs ungeeignet, und ich nahm die Sache selbst in die Hand.

„Na Anna, möchtest du mit Philipp und Bernhard drinnen spielen oder lieber draußen im Sandkasten?" fragte ich freundlich.
„Wo ist der Kran?", konterte Anna sachlich. Welchen Kran meinte sie?
„Welchen Kran meinst du?", fragte ich daher.
„Den, von dem die Zwillinge im Kindergarten erzählt haben!"
Dieser Satz endlich gab meinen Söhnen ihre normalen Bewegungsabläufe zurück. „Komm Anna, ich zeig' ihn dir", rief Bernhard und eilte allen voran zum Spielzimmer hinauf. Ich blieb unten am Treppenabsatz zurück und grübelte den dreien nach. Also *deshalb* war Anna so scharf darauf gewesen, zu uns zu kommen - der Kran. Und ich hatte gedacht, sie wollte zu meinen Kindern. Aber so sind kleine Menschen nun mal, nüchtern betrachtet. Und die Hauptsache war doch, Anna war da, egal weshalb.
Außerdem erwies sich Anna, wie ich von meinem Lauschposten im Wohnzimmer aus mitverfolgen konnte, als ungemein lieb. Nachdem sie ein paar Minuten am Kran herumgekurbelt hatte, kramte sie ihre fürsorgliche Ader hervor und beratschlagte gemeinsam mit Bernhard und Philipp, was sie spielen könnten. Sie einigten sich auf „Doktor" und „Mama-Papa-Kind", wobei mich beeindruckte, wie ausgesprochen realitätsnah Mama Anna und Papa Philipp mit ihrem widerspenstigen Baby umgingen. Erst als sie ihm beim „Bäuerchen" halb die Lunge aus dem Leib prügelten, flüchtete Bernhard heulend zu mir hinunter. Gewitzt fing ich diese Bagatelle mit einer Runde Schokoladenkekse und Kakao ab. Und dann kam auch schon Annas Mutter. Die Zeit war wie im Fluge vergangen.
„Ging alles gut?" fragte Annas Mama.
„Aber klar. Sie haben schön zusammen gespielt", versicherte ich, und fröhlich winkten wir drei Annchen hinterher.

Ja, dies war der glückliche Anfang eines regen Kommens. Irgendwie schien Annas Besuch das Eis für Philipp und Bernhard gebrochen zu haben, denn schon ein paar Tage später zupfte mich mit Carina eine weitere alte „Kindergartenhäsin“ am Ärmel und begehrte, zu uns zu kommen. Rasch legte ich mit ihrer Mutter die nötigen Eckdaten fest, und so stand Carina bereits drei Stunden später vor unserer Tür.

Sie sah arg verheult aus und wurde von ihrer Mutter mehr über unsere Schwelle geschoben, als daß sie freiwillig ging. „Entschuldigen Sie, aber in letzter Zeit ist Carina so komisch”, versuchte mir ihre Mutter diese Fortbewegungstechnik zu erklären, „erst freut sie sich riesig auf Verabredungen, und wenn es dann soweit ist, will sie nicht hin. Ich weiß auch nicht, was mit der los ist.”

Während sich Bernhard und Philipp beobachtend im Hintergrund hielten, beugte ich mich zu dem verängstigt um sich blickenden Mädchen hinunter und tröstete: „Du, Carina, wenn du nicht bleiben willst, mußt du nicht...”

„Doch, doch”, bestimmte da resolut die Mutter, „so was fangen wir gar nicht erst an. Die soll mal bleiben. Ich hol’ sie um sechs Uhr wieder ab. Falls was sein sollte, ich bin leider nicht zu erreichen, ich muß in die Stadt. Bis nachher dann.”

„Ja, bis nachher dann”, murmelte ich der entschwindenden Mutter hinterher, während mein Blick auf Carina ruhte. Ihre Augen begannen bereits wieder, verdächtig zu glänzen. „Wird schon gut gehen”, sprach ich mir selber Mut zu.

Sanft ergriff ich die Hand dieses kleinen Elends, führte es in unser Wohnzimmer und bat Philipp und Bernhard, sich doch mal eben um ihren Gast zu kümmern. Dann flitzte ich los und kramte im ganzen Haus sämtliche Papiertaschentuchvorräte zusammen, in der Hoffnung, damit die nächsten vier Stunden zu überstehen.

Als ich ins Wohnzimmer zurückkehrte, bot sich mir ein rührendes Bild: Bernhard stand neben der auf dem Sofa kauernden Carina, streichelte ihr Haar und brummte mit so tief verstellter Stimme, wie es einem Dreidreivierteljährigen nur möglich ist: „Aber Carina, ist doch alles gut. Ich bin doch bei dir.”

Philipp hingegen hatte sich auf die Betrachtung des immer

größer werdenden Fleckes auf dem Polster verlegt und jammerte irritiert: „Du machst ja alles naß; hör' endlich auf!" Wahrhaftig, dies wäre schön gewesen. Doch Carina tat uns diesen Gefallen immer nur minutenweise. Zunächst schickte ich die drei ins Spielzimmer, weil ich annahm, daß Carinas Tränenfluß dort angesichts der Spielsachen eventuell versiegen würde. Fehlanzeige. Sogar Bernhards weiterhin männlich röhrendes „komm Carina, wir spielen Mama und Baby", konnte sie nur bis zu dem Zeitpunkt stillegen, an dem Philipp als Papa mit von der Partie sein wollte.
Tränen kullerten in den Apfelsaft und durchweichten die Butterkekse, noch Schlimmeres tropfte in das Bilderbuch, als Carina sich beim Vorlesen an mich schmiegte. Schniefen untermalte mein Kasperletheaterspiel, das ich in meiner Verzweiflung für die drei improvisierte. Nur als die Prinzessin den Seppl mit ihrem Fächer ordentlich vermöbelte, huschte ein Lächeln über Carinas Gesicht. Da ließ ich die Prinzessin den armen Kerl so lange malträtieren, bis mir die Sepplhand weh tat. Und so quälten sich Philipp, Bernhard und ich durch den Nachmittag hindurch, stets bemüht, unseren feuchten Gast bei Laune zu halten. Ehrlich: ich hätte nie gedacht, daß ein einziges Mädchen so viel Wasser enthalten kann. Und ich überlegte gegen meinen Willen zum ersten Mal ernsthaft, warum ich eigentlich so scharf darauf gewesen war, anderer Leute Kinder im Hause zu haben.

Aber dies alles sollte nur ein fader Vorgeschmack darauf sein, was uns erwartete, als Rainer nach Hause kam. Carina saß gerade wieder einmal trocken mit Philipp und Bernhard im Sandkasten, als Rainer unser Hoftor aufschloß und den spielenden Kindern ein fröhliches „Hallo" zurief. Noch bevor unsere Söhne überhaupt richtig mitbekommen hatten, daß ihr Papa heimgekehrt war, stieß Carina einen spitzen Schrei aus und rannte schrill heulend in die hinterste Ecke des Hofes. Rasch warf ich einen Blick auf meinen Mann: er sah aus wie immer. Keine Bockshörner, kein schwarzer Bart und auch

kein Klumpfuß. Dann lief ich zu Carina, legte den Arm um ihre schmalen, zitternden Schultern und versuchte, sie zu beruhigen. So fand uns kurz darauf ihre Mutter.
„Na, ging alles gut?", fragte sie, vom kinderlosen Nachmittag sichtlich erholt.
„Ja, bis vorhin an sich schon", antwortete ich und hatte sogar das Gefühl, die Wahrheit zu sagen; denn gegen den angesichts Rainers einsetzenden Tränenfluß war alles bisherige lediglich ein tropfender Wasserhahn gewesen.
„Aber eben, als mein Mann kam, war es mit Carina auf einmal vorbei", fuhr ich fort. „Seitdem sitzt sie hier und heult."
„Ach, das ist nur ihre alberne Angst vor Männern", rief da die Mutter entnervt. „Ich weiß auch nicht, woher sie das hat. Ihren Vater liebt sie ja heiß und innig, aber alle anderen..., na ja, Sie haben's ja selbst gesehen! Vielen Dank für's Aufpassen. Komm Carina, wir gehen."
Und so verließ uns Carina. „Du Mama, die laden wir lieber nicht mehr ein", resümierte Philipp wenig später.
„Nun ja, vielleicht mal später wieder", versuchte ich sein Urteil abzumildern. Irgendwie tat mir die Kleine ungeheuer leid.

Ich hatte wohl einen kleinen „Carina-Schock" erlitten. Dies wurde mir bewußt, als Philipp und Bernhard einige Zeit später mich zum ersten Mal von sich aus baten, Alicas Mama zu fragen, ob Alica zu uns kommen könne. Meine Güte, schon wieder ein Mädchen, dachte ich unheilschwanger.
„Äh, wollt ihr nicht vielleicht doch lieber einen kleinen Jungen einladen?" schlug ich zaghaft vor.
„Nein Mama, Mädchen sind schöner", wurde ich von Philipp aufgeklärt. „Und so sanft", fügte Bernhard schwärmerisch hinzu.
Also gut, wieder ein Mädchen. Mit Alicas Mutter erwies sich die Terminfindung allerdings als ausgesprochen kompliziert. Während ich ausreichend Gelegenheit hatte, im Parfumhauch dieser gepflegten Erscheinung zu baden, schwirrten mir Worte wie Bambinotennis, Ballett, Kinderyoga, Musikschule und

Töpferkurs um die Ohren und ließen mich Hoffnung schöpfen, Alica sei auf Jahre hinaus zu verplant, um für etwas so Banales wie ein spontanes Treffen mit anderen Kindern Zeit erübrigen zu können. Überdies schien die Kleine selbst keinerlei Interesse an einem Besuch bei Bernhard und Philipp zu verspüren, denn sie hörte der Aufzählung ihrer Mutter mit gelangweilt gespitzten Lippen zu und betrachtete ihre schwarzen Lackschuhe. Gezierte Zicke, dachte ich. Solche Biester hatten mich bereits als Kind mit ihrem doofen Getue zur Weißglut gebracht, und wie es jetzt schien, hatten mir die Jahre in dieser Hinsicht keinerlei Abkühlung beschert. Was meine Söhne an der fanden, war mir schleierhaft.

„Wenn's nicht geht, kann man nichts machen“, antwortete ich daher aufatmend, als sich kein freier Tag am Horizont erblicken ließ.

Leider verdunkelte sich selbiger sofort wieder, als eine dritte Abholperson Alicas Mutter in diesem Augenblick zuschnatterte: „Ach Frau Wichtig-Kürze, gut, daß ich Sie treffe. Haben Sie schon gehört, daß übermorgen das Kinderyoga entfällt? Schade nicht? Es tut meiner Sabrina immer so gut; ist ja besorgniserregend, wie gestreßt selbst die Kleinen heutzutage schon sind.”

Sprach's und stöckelte davon.

Als Alica-Marie Wichtig-Kürze auf der Mutter Geheiß ihr yogagestütztes Plansoll zwei Tage später in unseren Räumen zu erfüllen hatte, warf dieser Besuch bei Bernhard und Philipp bereits vielsagende Schatten voraus.

Als erstes nahm mich Bernhard während des Kochens zart bei der Hand und raunte vertrauensvoll zu mir hinauf:

„Mama, wenn die Alica nachher kommt, müssen wir aber Sachen spielen, die Mädchen mögen.” Richtig ritterlich hatte Bernhard geklungen, und ich hatte grinsen müssen. Dies allerdings verging mir kurz darauf gleich wieder, als Philipp und Bernhard ein weniger edles Gebrüll anstimmten, weil ich ihnen beizubringen versuchte, daß ihre bequemen Bolzhosen in meinen Augen für einen Nachmittag zu Hause durchaus noch gut genug waren. Schließlich gab ich seufzend nach und kramte das, was noch am ehesten als beste Hosen herhalten konnte, aus dem Schrank. Zur Krönung ihrer Erscheinung lechzten meine Herren abschließend noch gemeinschaftlich nach Papas Rasierwasser, um sich zu „beduften". Nun war ich endgültig der Überzeugung, vierjährige Dandys zu beherbergen.

Alica-Marie Wichtig-Kürze erschien zwei Stunden später und nahm sich in Bernhards und Philipps bescheidenen Spielzimmern etwa so unpassend aus wie ein Klecks Kaviar auf Bockwurst. Ich mag keinen Kaviar. Besonders dann nicht, wenn meine Söhne in seiner berüschten Gegenwart wie gehirnamputierte Lackaffen junges Eheglück mimen. Zwar versuchte Philipp ab und an aus dieser Rolle auszubrechen und das im Papphaus wohnende Pärchen als Räuber zu bedrohen, aber so recht konnte er mit dieser Idee nicht landen. Räuber duften nun mal nicht nach Rasierwasser. Insgesamt ging es daher widerlich kultiviert zu.

Beim Keksevertilgen dagegen ließen sich Philipp und Bernhard nicht von Alica-Maries Benehmen beeindrucken. Während meine beiden munter vor sich hinkrümelten und die Küche mit Apfelsaft fluteten, knabberte Alica vornehm am Gebäck. Dabei ließ sie ihren Blick erstaunt über unsere Möbel gleiten. Einfache Kiefer war ihr anscheinend noch nirgends begegnet.

Aber ich will über Alica-Marie nicht nur meckern, denn immerhin bescherte sie mir zwei Dinge:

Zum einen verhalf mir dieses Wesen dazu, einen Begriff mit Leben zu erfüllen, den ich vorher nie so recht einzuordnen gewußt hatte. Schon oft nämlich hatte ich in Konzertkritiken das Wort „manieriert" gelesen und mir offengesagt nichts rechtes darunter vorstellen können. Zum Nachschlagen war ich immer zu faul gewesen. Und nun saß dieses Wort vor mir.

Zum anderen sah das Spielzimmer meiner Kinder nach Alica-Maries Besuch eindeutig ordentlicher aus als vorher.

Doch dies lernte ich erst richtig zu schätzen, nachdem uns Dominik heimgesucht hatte. Viel Wasser war inzwischen den nahen Rhein hinuntergeflossen, Philipp und Bernhard gehörten mittlerweile selbst zu den Älteren im Kindergarten, und die Zeiten, in denen sie den Sanftmut der Mädchen suchten, war endgültig vorbei. Diese Wandlung bescherte uns Dominik. Er kam, sah - und verwüstete.
Selbst Philipp und Bernhard, denen Unordnung nicht gerade als Fremdwort gilt, fanden es nur mit Mühe lustig, als dieses Bürschchen gleichsam als Ouvertüre sämtliche frei herumstehenden Kisten mit Lego, Duplo, Playmo, Eisenbahnschienen und anderem Krimskrams, von dem meine Kinder gar nicht mehr wußten, daß sie ihn besaßen, in ihrem Spielzimmer auskippte, um sich dann in diesen Haufen zu werfen. Von dieser Position aus bombardierte er anschließend Tür, Bilder, Fenster sowie Bernhard und Philipp mit allem, was ihm dazu aus der Fülle geeignet schien.
Es war mir bislang meist geglückt, mich bei den Kindern, die uns zum Spielen besuchten, mehr oder weniger im Hintergrund zu halten und lediglich als Safttheke zu fungieren. Ansonsten ließ ich ihren Ideen freien Lauf. Doch diesmal ging mir die Phantasie unseres Besuches eindeutig zu weit, und so rannte ich ins Spielzimmer hinauf, um gegen den Lärm der donnernden Bauklötzchen meine Bitte in den Raum zu brüllen, doch nicht zu wild zu toben. Bautz - hatte ich einen Duplostein am Kopf. Zielen konnte der Kerl, man muß es anerkennen. Und während ich noch überlegte, wie ich reagieren sollte, flitzte dieses Würstchen schon an mir vorbei die Treppe hinunter, stürmte ins Wohnzimmer und begann dort, die Sessel umzukippen. Anschließend widmete sich Dominik unserem Wohnzimmer-Flokati.
Nun ist es mir einfach nicht gegeben, ruhig daneben zu stehen und milde „es sind doch noch Kinder" vor mich hinzulächeln, wenn unsere Einrichtung in ihre Einzelteile zerrupft wird. Vielmehr griff ich Dominik beherzt am Kragen und bat ihn mit leicht vibrierender Stimme, diesen Unfug gefälligst zu lassen.

„Hau endlich ab, du blöde Sau, ich werf' dich raus!"
Nein, dies brüllte nicht ich, so sehr es mir auch, zumindest in Teilen, auf der Zunge kribbelte, sondern Dominik.
Bernhard und Philipp sahen mich gespannt an. Das anfängliche zaghafte Lachen über Dominiks Streiche war ihnen ohnehin schon lange vergangen, und so hatten sie sich aufs Beobachten verlegt. Wie würde sich Mama verhalten?
Ja, das hätte ich auch gerne gewußt. Offengesagt war ich mit meinem Latein am Ende. Das, wozu ich spontan am meisten Lust gehabt hätte, nämlich diesem Früchtchen eine zu pfeffern, verbot sich schon alleine aus der Tatsache heraus, daß ich derartige Maßregelungen für Philipp und Bernhard auch nicht akzeptabel gefunden hätte.
Stattdessen erwog ich, Dominiks Mutter anzurufen und sie zu bitten, ihr Kind vorzeitig abzuholen. Aber welche Begründung sollte ich nennen? „Ihr Sohn benimmt sich unmöglich"? Ich wußte, daß Dominiks Mutter ihn zusammen mit seiner Schwester antiautoritär zu erziehen versuchte und zum Beispiel seelenruhig blieb, wenn ihre Kinder kreativ auf dem Autodach herumsprangen, während sie selbst daneben mit anderen Müttern ein Schwätzchen hielt. Wahrscheinlich fand sie zerpflückte Flokatis vollkommen in Ordnung.

Eines war klar: wir mußten raus aus der Wohnung. Ich beschloß, trotz Nieselregens mit den drei Herrlickeiten einen Spaziergang zu starten. Philipp und Bernhard waren nicht begeistert, aber willig, Dominik wurde nicht gefragt. Zum Glück wohnen wir am Ortsrand, und so kamen wir bald auf das offene Feld; fernab jeglicher Zivilisation. Dorthin gehörte Dominik. Hier konnte er hemmungslos Steine in den Bach werfen, Unkraut am Feldrand ausrupfen und seinen Aggressionen freien Raum lassen. Und bald tobten Bernhard und Philipp begeistert mit.
Als wir zwei Stunden später völlig durchnäßt vor unserem Hoftor ankamen, parkte auch gerade Dominiks Mutter vor dem Haus.

„Na, wie war's ?" fragte sie und verlor als modern denkende Frau kein Wort über Dominiks schlammverkrustetes Äußeres, was sie mir fast sympathisch werden ließ.
„Oh, ganz gut. Sie haben schön zusammen gematscht. Wir sind halt rausgegangen, weil den dreien drinnen nichts rechtes einfiel und ich den Eindruck hatte, daß Dominik gerne ordentlich toben würde. Er ist ja doch erstaunlich lebhaft."
Ich danke noch heute der gütigen Fee, die mir diese sanften Umschreibungen auf die Lippen zauberte. Wer weiß, ob sich Dominiks Mutter angesichts schärferer Formulierungen mit einem freundlichen „ja, Temperament hat er schon, aber das ist mir lieber als Duckmäuser", als Antwort begnügt hätte.
Rechts einen Duckmäuser und links einen, winkte ich dem davonfahrenden Wagen erleichtert nach. Und als mir diesmal zur Abwechslung Bernhard beim ins Haus gehen zaghaft hinaufhauchte: „Du Mama, der Dominik war, glaub' ich, nicht sehr lieb", seufzte ich ein ermattetes „ja mein Schatz, so kann man das auch sagen", hinunter.

Gegen Dominik war der fünfjährige Ingo der reinste Waisenknabe. Er liebte lediglich Wortspiele eigentümlicher Natur.
So könnte zumindest die harmlose Umschreibung dessen lauten, mit dem uns dieser Junge zwei Stunden lang unterhielt. In Wahrheit sprach Ingo in unserem Haus kaum einen vernünftigen Satz - nicht mit den Kindern, und mit mir schon gar nicht. Er spielte vollkommen versunken vor sich hin, außer man stellte ihm eine Frage. Seine Antwort aber hatte es stets in sich.
Als erstes versuchte Philipp, Ingos Schweigen zu brechen: „Ingo, möchtest du Playmo spielen?"
„Playmo, Waymo, Klaymo, ihihihi", äffte Ingo und grinste. Dann griff er ruhig nach dem Playmo-Männchen, das Philipp ihm hingehalten hatte und verfiel in erneutes Brüten. Nun, diese Ruhe war für mich zwar ungewohnt, aber nicht unangenehm.
Einige Zeit später beobachtete ich im Vorübergehen am Spiel-

zimmer, daß Ingo nervös von einem Bein auf's andere trat. Da mir dieser Bewegungsablauf von meinen Kindern her nicht ganz unbekannt war, fragte ich ahnungsvoll:
„Du Ingo, mußt du zur Toilette?" Doch Ingo glotzte mich nur an und äffte grinsend: „Lätte,pätte." Zu mehr kam er nicht, denn dann wurden die Hosen naß.
Der einzig wirklich sinnvolle Satz, den ich aus Ingos Mund vernehmen durfte, ereilte mich in der Küche. Mit Liebe hatte ich ein Blech leckere Plätzchen gebacken, die Philipp und Bernhard nun herzhaft in sich hineinstopften, während Ingo still daneben saß und ihnen zuschaute.
„Na, Ingo, möchtest du nicht auch ein Plätzchen?" fragte ich munter und schob ihm den Teller zu. Doch wieder glotzte Ingo mich an, als ob ich von einem anderen Planeten käme, grinste blöd und plapperte: „Plätzchen, Flätzchen, Klätzchen, ihihi." Dann griff er sich ein paar Kekse, mampfte sie runter und sprach in völlig normalem Ton zu Philipp und Bernhard: „Gekaufte schmecken besser!"
Nun, ich bin schlimmere Beurteilungen gewohnt. Daher ging ich, während meine Söhne noch kicherten, zur nächsten Frage über: „Möchtest du Apfelsaft mit oder ohne Mineralwasser, Ingo?"
„Ingo, Bingo, Kingo, ihihihi."
„Ingo, mit Mineralwasser oder ohne?"
„Ohne, schone, mone, klone, ihihihi."
Also gut, ohne. Langsam gewöhnte ich mich sogar an diese Form der Unterhaltung. Da ich aber nichts weiter zu fragen wußte, wurde es wieder still am Tisch.
Stille bereitet Philipp grundsätzlich Unbehagen; so begann er, sie zu vernichten: „Du Mama, heute hat der Sascha im Kindergarten eine Apfelschale auf den Boden gespuckt", berichtete er, und lechzte offensichtlich nach meiner Beurteilung dieses Tuns. Aber noch bevor ich antworten konnte, wie verwerflich ich Saschas Tat fand, fiel Ingo mit einem gekicherten „Sascha, Wascha, Klascha" in die Unterhaltung ein und beendete sie damit zugleich.

Nun versuchte Bernhard sein Glück und erklärte Ingo liebevoll das Muster unserer mit Küken bestickten Tischdecke.
„Küken, Müken, Schlüken", echote Ingo und stürzte damit auch Bernhard in Ratlosigkeit.
Ist dieser Junge eigentlich besonders dämlich oder besonders intelligent? grübelte ich, während ich selbst ein paar Kekse vertilgte und das Szenario überdachte. Immerhin fielen Ingo zu unseren Endwörtern erstaunliche Variationen ein, das war nicht zu leugnen. Vielleicht fand er ja alles, was wir von uns gaben, einfach so banal, daß er sich darüber nur lustig machen konnte. Wer weiß.
Aber offen gesagt: Ergründet habe ich Ingos Verhalten nie, da er uns nie wieder beehrte. War auch nicht schade drum..., klum, wum.

Denn inzwischen hatten Bernhard und Philipp längst ein paar nette Freunde, die diese Bezeichnung wirklich verdienten, auch wenn sie sich in regelmäßigen Abständen gegenseitig wütende „Du-bist-nie-mehr-mein-Freund" - Tiraden an den Kopf warfen. Irgendwie kam es auf verschlungenen Pfaden dann doch wieder zu einer Einigung. Mit Dennis, Achim, Martin und wie sie alle hießen, ließ es sich prächtig streiten und spielen. Der Ablauf solcher Tage war erfreulich vorhersehbar: die erste halbe Stunde langweilten sich alle entsetzlich, anschließend rauften sie sich im wahrsten Sinne des Wortes zum Spiel zusammen, bis gegen Ende Stimmen und Stimmung anschwollen und das alberne Gackern und Rumgetobe gar kein Ende mehr finden wollte. Dies war zugleich der Zeitpunkt, an dem die anderen Mütter netterweise auftauchten, um ihren Nachwuchs abzufischen, auch wenn dieser heftig protestierte.
„Na, wie war's?" fragten alle Muttis dann.
„Prima, sie haben schön zusammen gespielt!" Und meine Antwort war ehrlich.
Dennis, Achim, Martin und die anderen: ich mochte sie.
Sie waren weder gezierte, verzogene oder gehemmte Püppchen noch aggressive Raufbolde. Keiner von ihnen beurteilte

meine Kinder danach, ob wir „RTL plus" empfangen können oder immer Salzstangen im Haus haben. Sie waren fröhliche Rabauken mit dem Herz auf dem rechten Fleck und einem gesunden Gespür dafür, was man in fremden Haushalten so im Großen und Ganzen machen darf und was nicht. Sie brachten Leben in die Bude, ohne sie dem Erdboden gleichzumachen. Und sie wußten zwar allesamt durchaus, daß die Schließmuskelöffnung des verlängerten Rückens mit A beginnt - aber sie bezeichneten sich nur gegenseitig als solche und ließen mich ungeschoren. Damit war ich mittlerweile ja schon zufrieden.

Vorsicht, sie gehen!

Hier auf dem Dorf besuchen die meisten Kinder den Kindergarten nur vormittags. Selbst meine Kleinen meckerten bereits nach ihrem ersten Nachmittagsaufenthalt in der Gruppe, da sei ja nichts los. Und da eben alle Kinder wissen, daß nachmittags „nichts los" ist, ist eben wirklich nichts los. Keiner hat Lust, hinzugehen.

Ich brachte es nicht übers Herz, Philipp und Bernhard trotzdem hinzuschicken, denn irgendwie sollte ihnen der Kindergarten ja auch Spaß machen. Außerdem war es im Prinzip ganz nett, mit ihnen nachmittags ein wenig raus zu gehen, ihnen vorzulesen oder Memory zu spielen. Nur ab und an - da hätte ich neben den freien Vormittagen eben auch am Nachmittag gerne ein wenig mehr Freizeit für mich gehabt.
So war ich aufrichtig froh, als den ersten Besuchen von Bernhards und Philipps Freunden bei uns bald Gegeneinladungen in die anderen Familien folgten. Diese Vision freier Nachmittage, die die anderen Mütter genossen hatten, während ihr Nachwuchs in unseren vier Wänden von mir sicher behütet worden war, hatte mich schon längere Zeit lüstern mit der Zunge schnalzen lassen.
Zwar muß ich an dieser Stelle bekennen, daß mir die anderen Mütter insgeheim ein wenig leid taten. Schließlich schneiten ihnen immer gleich zwei fremde Wirbelstürme ins Haus, wenn ihre Kinder eine Einladung aussprachen. Auch war es so, daß der eine oder andere kleine Freund am liebsten nur einen Zwilling zu sich nach Hause geholt hätte; instinktiv spürten nämlich einige Kinder durchaus, daß mit einem meiner Söhnchen stets viel besser Kirschenessen war als mit zweien. Einigte sich der kleine Gastgeber mit Philipp auf ein Spiel, dann störte Bernhard, beziehungsweise umgekehrt. Oder Philipp und Bernhard nahmen sich in stiller Übereinkunft statt ihres Freundes lediglich seiner Spielsachen an. Die in Erwachse-

nenaugen zweifelsohne sinnvollste Lösung wäre gewesen, daß alle drei zusammen etwas spielten. Doch dieser Zustand stellte sich immer nur als höchst labiles System ein, dem, kaum war er schwachbrüstig am Horizont erschienen, sein zartes Dasein sofort wieder mit einem kräftigen „du Sch...a...." ausgeblasen wurde. Ich hatte dieses dramaturgisch überaus bewundernswerte Phänomen bereits zur Genüge bei uns im Hause beobachten dürfen.

Aber was sollte es: es bot sich ja weit und breit keine andere vernünftige Lösung an, als Philipp und Bernhard gemeinsam zu ihren Freunden zu lassen. Wie hätte ich meinen Kindern erklären sollen, daß nur einer willkommen ist? Und für Bernhard am selben Tag eine Verabredung bei Stefanie zu vereinbaren, an dem Philipp zu Dennis eingeladen war, scheiterte schon alleine an dem Umstand, daß es heutzutage leichter ist, nach Peking zu telefonieren, als die Termine vier kleiner Kinder aufeinander abzustimmen. Außerdem war es nun einmal so, daß Philipp und Bernhard manche Freunde lieber mochten und andere weniger gut leiden konnten, wobei dies wiederum eigenartigen Schwankungen unterlag. Zwei in ihren Augen vollkommen „gleichwertige" Freunde für einen Tag zu verpflichten, war schier unmöglich.
Nach anfänglichen ernsthaften Versuchen gab ich daher derartige Verrenkungen bald auf und überließ die anderen Mütter und Kinder ihrem Schicksal, wenigstens stundenweise auf meinem entzückenden doppelschlotigen Vulkan zu tanzen. Ich will nicht verheimlichen, daß dabei ab und an sogar ein wenig Schadenfreude mitschwang. Zum Beispiel, wenn Bernhard und Philipp im Begriff standen, in eine Einkindfamilie einzufallen, deren Mutter bereits unter der Belastung dieses einen Nachkömmlings beim Erfahrungsaustausch vor der Kindergartentür stets röchelnd zusammenzubrechen drohte.
Amüsiert gab ich mich dann der Vorstellung hin, wie meine Kinder korrigierend eingreifen und den Realitätsverlust dieser Dame auf ein verträgliches Maß zurückschrauben würden.

Und so genoß ich das kostbare Gut freier Nachmittage in vollen Zügen - bis zu dem Tag, an dem ich Philipp und Bernhard bei Mayers abholte, wo sie mit ihrer kleinen Freundin Susanne gespielt hatten.
„Na, wie war's?" fragte ich in erprobter Manier Frau Mayer, als sie mir die Tür öffnete.
„Oh prima, es gab keine Probleme."
Also trottete ich zufrieden mit den Kindern nach Hause.
Doch plötzlich rannte Philipp ein Stück voraus, versteckte sich hinter einer Hausecke und schoß im selben Augenblick, in dem Bernhard und ich die Stelle passierten, in des Wortes doppelter Bedeutung aus seinem Versteck hervor: „Peng, peng, chchrr!! Ergebt euch, ihr Hunde!"
Bernhard fing sogleich vor Freude an, neben mir auf und ab zu hüpfen:
„Du Mama, bei der Susanne haben wir einen Film gesehen, da hat's immer super geknallt, das war vollgut, Mama."
Mir war, als hätte mir jemand vollgut Wackersteine in den Magen geworfen. Soweit ich überhaupt noch in der Lage war, unbefangen zu wirken, lockte ich Philipp und Bernhard, doch ruhig noch ein bißchen mehr zu erzählen:
„Was war denn das für ein Film, ihr Süßen? Ein Zeichentrickfilm?" flötete ich.
„Ach nee, der war so mit Männern, die immer rumliefen und gebrüllt haben, den hat sich Susannes großer Bruder angeguckt", berichtete Philipp weiter.
„Ja, und den durftet ihr euch so einfach mit anschauen? Was hat den Susannes Mama dazu gesagt?" fragte ich nun ehrlich entsetzt.
„Die hat gesagt, wir bräuchten keine Angst zu haben; das rote ist kein Blut, weiß'te Mama, sondern bloß leckeres Ketchup", gab Bernhard treuherzig Auskunft.
Ach so, bloß Ketchup; da konnte ich ja beruhigt sein.
„Na prima", seufzte ich daher.
Eine andere Antwort hätte auch nichts genutzt. Schließlich standen mir mit Bernhard und Philipp nicht die Schuldigen

gegenüber. Nicht einmal ich erwarte von Vierjährigen, daß sie entscheiden können, welche Filme für sie geeignet sind und welche sie besser nicht sehen sollten. Zwischen unseren Beurteilungskriterien liegen immerhin stolze dreißig Jahre. Hier netter Naturfilm, dort puff-peng.

Wen ich nicht verstand, war Susannes Mutter. Wir hatten öfter einmal vor dem Kindergarten ein paar Worte miteinander gewechselt, und ich hatte durch diese kurzen Begegnungen einen netten Eindruck von ihr gewonnen. Sollte ich mich so getäuscht haben?

Während ich mit Bernhard und Philipp unseren Heimweg fortsetzte, beschloß ich, der Sache näher auf den Grund zu gehen. Vielleicht hatten die Kinder ja etwas völlig Harmloses sehen dürfen, was sich nun durch ihre Schilderungen in meiner Phantasie zum Sex and Crime-Szenario entwickelte.

'Männer die rumliefen und gebrüllt haben...', das konnten auch Feuerwehrleute im Löscheinsatz gewesen sein, versuchte ich mich zu beruhigen. Gegen so einen kleinen lehrreichen Film war ja nichts einzuwenden. Aber was könnte so supergut geknallt haben...?

Am nächsten Tag pirschte ich mich im Kindergarten so unauffällig wie möglich an Frau Mayer heran, die ihrer Susanne gerade den Schal knotete. Nachdem ich mich vergewissert hatte, daß Philipp und Bernhard in sicherer Entfernung damit beschäftigt waren, sich in ihre Jacken zu kämpfen, begann ich mit meiner detektivischen Feinarbeit:

„Ach guten Tag, Frau Mayer, gut daß ich Sie treffe. Kann es sein, daß Philipp gestern bei Ihnen sein kleines Lego-Auto liegengelassen hat? Er wollte es unbedingt der Susanne zeigen, und nun hat es mein Schusselchen wohl bei Ihnen vergessen."

„Oh, hallo", erwiderte Frau Mayer meinen Gruß. „Ja, da müßte ich mal nachsehen, aufgefallen ist mir nichts. Es wird wohl in Susannes Saustall liegen. Kein Problem."

„Das wäre nett. Philipp hängt immer so an seinen selbstgebauten Sachen, wissen Sie. Aber wenn Sie es nicht finden, ist es

auch nicht schlimm. Er muß ja auch mal lernen, auf seine Sachen aufzupassen... Den Kindern hat es übrigens bei Ihnen gestern sehr gut gefallen. Sie müssen ja einen tollen Film gesehen haben." Ich lächelte herzlich.
„Ja, so ist das bei uns meistens", lächelte Frau Mayer zurück. „Unser Sven sitzt halt viel vor dem Videogerät, wenn er aus der Schule kommt. Die meisten Filme holt er sich sogar schon selber aus dem Videoshop. Zur Zeit verschlingt er alle Krimis. Der braucht das. Und die Kleine darf da halt mitgucken, was wollen Sie machen. Sie weiß aber schon, daß das alles nicht echt ist, wenn die da schießen, sondern nur Film, gell Sanne?"
„Balla-Balla-Vidos", nickte Susanne und nuckelte am Daumen.
„Ah so", murmelte ich dankbar für diese Aufklärung.
Inzwischen hatten sich Philipp und Bernhard zu uns gesellt und ich beschloß, die Unterhaltung mit Frau Mayer an dieser Stelle lieber zu beenden. Mehr brauchte ich ohnehin nicht zu wissen.

Und sicherlich war es auch das Vernünftigste, wenn Frau Mayer meine Einstellung zum Thema „Kinder und Fernsehen" nicht erfuhr. Schließlich bin ich schon seit einiger Zeit von der irrigen Ansicht geheilt, ich könne Leute von meiner Meinung überzeugen, indem ich ihnen diese schlicht mitteile. Seitdem diese Erkenntnis in mir Fuß gefaßt hat, bin ich ein recht angenehmer Mitbürger geworden. Denn ich ziehe es bis auf ganz wenige Ausnahmen vor, Ruhe zu bewahren, zu schweigen und nur im Verborgenen meine Konsequenzen zu ziehen.
Warum also Frau Mayer sagen, daß ich es nicht gut finde, wenn kleine Kinder fernsehen, und schon gar nicht, wenn *meine* Kinder fernsehen!? Es war nun einmal geschehen und nicht mehr rückgängig zu machen. Und dafür, daß es wirklich bei diesem einen Mal blieb, wollte ich schon sorgen...

Als Philipp und Bernhard einige Wochen später wieder eine Einladung erhielten, war ich aber doch froh, daß sie nicht von

Susanne kam, sondern von Marcel. Rasch wurde ich mit Marcels Mutter über die Zeit einig und hatte mich von ihr gerade mit dem üblichen „Also, bis heute Nachmittag dann!" verabschiedet, als sie mir nachlief und durch den Rauch ihrer Zigarette ein verlockendes Angebot unterbreitete:
„Frau Hauenschild, soll ich Ihre Kinder nicht nach dem Mittagessen abholen? Es ist doch recht weit von Ihnen zu uns. Ich könnte die beiden auch wieder heimbringen."
Wie bei den meisten Menschen, die wissen, daß ich keinen eigenen Wagen besitze, hatte auch die Stimme von Marcels Mutter ein wenig mitleidsvoll geklungen. Daran habe ich mich mittlerweile gewöhnt. Viele glauben tatsächlich, ich würde zu Fuß gehen müssen, weil ich kein Auto habe. Dabei bin ich lediglich der figurbetonenden Ansicht, daß man in unserem Dorf alle Wege sehr gut ohne Auto erledigen kann. Der Mensch entwickelte seine Beine ursprünglich schließlich nicht zum Treten des Gaspedals.
Auch Philipp und Bernhard sollen sich gar nicht erst daran gewöhnen, ständig nur gefahren zu werden. Auf einen eigenen Wagen zu verzichten - der Umwelt, meinen motzenden Kindern und der Figur zuliebe - das ist nun mal mein kleines Hobby; der Luxus, den ich mir leiste, ebenso wie ich bewußt auf Weichspüler, Wäschetrockner und Mikrowelle verzichte, weil es eben auch ohne sehr gut geht. Mich als alternativ zu bezeichnen, weil ich Altglas, Papier und Aluminium sammle und gerne Bus fahre, wäre allerdings stark übertrieben. Mit Vollwertkost zum Beispiel kann man mich zu Mc'Donalds jagen.
Nur den Zweitwagen für die Fahrt zur Post um die Ecke - den lehne ich vom Grundsatz her ab.
Eigentlich bedauere ich die, die für vierhundert Meter Wegstrecke zum Kindergarten in ihre Zweitwagen steigen und ihren heißgeliebten Nachwuchs mit falscher Mutterliebe in den meisten Fällen auch noch unangeschnallt nach Hause chauffieren. Für die paar Meter lohnt sich das Anschnallen nämlich nicht... Diese Frauen können keine drei Milchflaschen

mehr zu Fuß nach Hause transportieren und fahren auch noch das kurze Stück zum Tennisplatz regelmäßig mit dem Wagen, wobei sie sich wundern, daß der Speck auf den Hüften weiterschwabbelt und das neueste Röckchen der Saison schon wieder zwickt.
Aber obwohl die meisten aus Gedankenlosigkeit Lärm und Gestank fabrizieren, den ich mit meinen Kindern ertragen muß, bin ich doch nicht gleichzeitig bitterböse auf alles, was einen Motor besitzt. Denn gelegentlich bin ich selbst ein schwacher Mensch, der sich durch seine Bequemlichkeit alle Grundsätze ins Wanken bringen läßt. Und solch ein Schwächeanfall stand mir nun bevor.

Zwischen unserem und Marcels Haus lag ein schlapper Kilometer. Dies bedeutete eine halbe Stunde Fußweg mit den Kindern. Und wieder zurück. Dabei wollte ich mir ausgerechnet heute noch die Haare waschen und mich ein bißchen schick machen für die Gartenparty am Abend bei Gabi und Andreas. Die würde diesmal bestimmt steigen. Lange war es nicht mehr so warm gewesen...!
Eigentlich auch das ideale Wetter, um mit Philipp und Bernhard schnell zu Marcel zu laufen, grübelte ich weiter - wenn die Kinder das Wort „schnell" doch bloß schon in ihr Gedankengut aufgenommen gehabt hätten. Und an sich wäre bei dem herrlichen Sonnenschein nicht einmal etwas gegen ihren Kriechgang einzuwenden gewesen, wären da nicht die Party und meine Lust gewesen, mich endlich einmal wieder ohne Zeitdruck zum Ausgehen herzurichten. Mal so richtig in der Sonne liegen und die Seele baumeln lassen, die Haare an der Luft trocknen und die Fußnägel im Liegestuhl bearbeiten...
Außerdem besaßen Marcels Eltern ein prächtiges Anwesen mit riesigem Garten; die Kinder würden also ohnehin viel draußen sein und ebenso wie ich genug frische Luft tanken können. Da kam es doch auf dieses eine Mal Auto fahren wirklich nicht an, argumentierte ich meinem schlechten Gewissen gegenüber.

„Ach ja, doch, das wäre nett, sonst wird es mir heute Nachmittag zeitlich doch ein wenig eng. Danke!" Ich strahlte mit der Sonne um die Wette.
Und so erschien Marcels Mutter zur festgesetzten Zeit, um Philipp und Bernhard abzuholen.
Nahezu auf die Minute drei Stunden später intonierte unsere Türglocke ihr verrücktes „dingdong, dingdingdong, dingding"; ein untrügliches Zeichen dafür, daß Philipp und Bernhard zurückgekehrt waren und mal wieder darum stritten, wer zuerst klingeln durfte. Durch stundenlanges Nichtstun bis in die frisch gewaschenen Haarspitzen entspannt, schritt ich aufrecht zur Tür.
„Na, seid ihr zwei wieder da?" begrüßte ich meinen Nachwuchs ungemein geistvoll. Mein Vater hat ja schon immer behauptet, daß Sonne das Gehirn austrocknet.
Ich war gerade noch rechtzeitig gekommen, um Marcels Mutter zuzuwinken, die eben wieder in ihren Wagen steigen wollte.
„Vielen Dank!" lächelte ich ihr zu.
„Keine Ursache", schallte es höflich zurück. „Sie haben übrigens ulkige Kinder. Die fahren ja nicht mal Auto, ohne angeschnallt zu sein."
„Ja, das stimmt, sie sind da sehr vernünftig. Reine Gewohnheitssache. Also dann, danke nochmal!"
„Ja, tschüß!" Und schon brauste der Wagen mit Marcel am Heckfenster klebend davon.

Ich blickte diesem Leichtsinn noch ein wenig hinterher, als plötzlich durch den dezenten Duft meiner frischen Parfumwolke ein Geruch zu mir hinaufwabberte, der meine Sinne ruckartig ihrer gepflegten Trägheit entriß: Zigarettenmief.
Spontan beugte ich mich zu Bernhard hinab und roch an seinem T-Shirt. Der Gestank ließ meine empfindliche Nase Falten werfen. Dies konnte unmöglich von dem bißchen Sitzen im Auto kommen!
„Sagt mal, ihr zwei, was habt ihr denn den ganzen Nachmittag

getrieben?" wollte ich daher wissen.
„Also Mama, erst haben wir mit Marcels Eisenbahn gespielt. Aber dann hat der Philipp einen Hebel abgebrochen und da sind wir dann in den Fittnetzraum gegangen. Du Mama, da steht ein ganz tolles Trampulin. Da kann man sooo hoch springen", antwortete Philipp und untermalte seinen Bericht mit entsprechenden Gesten.
„Und was habt ihr draußen im Garten gespielt, ihr Süßen?" fragte ich zuckersüß weiter.
Inzwischen waren wir beim Sandkasten angekommen und Bernhard fing mechanisch an, seinen Bagger in Gang zu setzen: „Bröm bröm bröm, da waren wir gar nicht; das hat uns Marcels Mama nicht erlaubt; bröm bröm bröm!"
„Ja warum denn nicht?" entfuhr es mir verblüfft.
„Marcels Mama sagt, die Sonne ist nichts für unsere zarte Kinderhaut, wir sollen lieber drin spielen, bröm bröm bröm."
„Habt ihr der Mama denn nicht gesagt, daß ihr sonst immer raus dürft?"
„Nö, war ja drin auch schön", verteidigte sich Bernhard. „Mama weißt du, in dem Fittnetzraum da steht so 'ne Bank, da kann man auch die Sonne scheinen lassen, viel besser als draußen, sagt Marcels Mama."
Ein paar schon leicht abendlich getönte Sonnenstrahlen spielten auf Bernhards Gesicht und ließen es warm leuchten. Noch immer stach mich der Gestank nach Zigarette in der Nase. Meine Güte, bei diesem herrlichen Wetter hatten die Kinder den ganzen Nachmittag offenbar in einer vollkommen verqualmten Bude verbringen müssen.
„Na, dann spielt wenigstens jetzt noch ein wenig im Hof", meinte ich aufmunternd. Dann ging ich ins Haus und holte zwei frische T-Shirts.
Wiederum half es nichts, sich aufzuregen. Es war nun einmal geschehen und nicht mehr rückgängig zu machen. Und dafür, daß es wirklich bei diesem einen Mal blieb, wollte ich schon sorgen... .

Wochen vergingen. Zusammen mit den Kindern genoß ich das anhaltend herrliche Sommerwetter und stromerte viel mit ihnen durch die Gegend, immer auf der Suche nach Mähdreschern und anderen interessanten Dingen. Ab und an besuchten Philipp und Bernhard auch Freunde. Und alles ging gut. So gerieten jene zwei etwas unerfreulichen Nachmittage in den Hintergrund.

Doch dann passierte die Sache bei Patrick.
Patrick war ein kleiner lieber Kerl, etwas jünger als Bernhard und Philipp, aber sehr gewitzt und deshalb meinen beiden Prachtstücken in vielen Dingen haushoch überlegen. Hatte Patrick beim Turnen bereits die Übung am Klettergerüst dreimal gemeistert, hingen meine Plumpsäcke garantiert noch an der untersten Stufe und japsten „Mama, schau mal, wie weit ich schon bin!"
Und obgleich Patricks Mutter regelmäßig zehn Minuten nach mir im Kindergarten erschien, konnte sie fünf Minuten früher als ich das Gebäude wieder verlassen, weil Patrick seine Sachen mit unglaublicher Geschwindigkeit anzog, während Bernhard und Philipp genüßlich vor sich hintrödelten und den anderen zuguckten.
Patrick war einfach erfreulich fix. Daher grinste ich vergnügt, als Philipp und Bernhard mir eines Tages beim Abholen umständlich erzählten, sie dürften am Nachmittag zu Patrick. Vielleicht würde ihnen dieser Knabe ja beim Spiel mal ein wenig Dampf unter die trägen Pobacken pusten.
Patricks Mama war durch Patrick selbstverständlich ebenfalls schon über das gemeinsame Vorhaben informiert worden, und ich schlug vor, die Kinder so gegen fünfzehn Uhr vorbeizubringen.
„Lassen Sie die beiden doch das kurze Stückchen alleine gehen", antwortete Patricks Mutter. „Es ist doch wirklich nicht weit."
Das stimmte. Es war von uns zu Patrick nicht allzu weit, etwa dreihundert Meter. Aber die Strecke führte über eine einiger-

maßen befahrene Straße, und ich traute meinen Träumern einfach noch nicht zu, diese alleine zu überqueren.
„Nee nee, ich bring' Philipp und Bernhard lieber noch", antwortete ich deshalb. „Ich muß ohnehin zum Kaufmann, da liefere ich sie halt auf dem Hinweg bei Ihnen ab. Das ist mir lieber."

So geschah es. Ich klingelte kurz bei Patricks Mutter, um Bescheid zu geben, daß Philipp und Bernhard nun da waren und die Kinder selbst liefen sofort in den kleinen Garten, wo Patrick bereits auf sie wartete. Ein kurzes Winken, und schon genoß ich das immer wieder berauschende Erlebnis, meine Besorgungen unbeschwert ohne „Mama, das will ich haben" und „Warum kriegen wir das nicht?" erledigen zu dürfen. Rasch noch ein kurzer Abstecher zur kleinen Boutique in der Bahnhofstraße, Frau Hörth getroffen und ein wenig geplaudert - ach, das Leben konnte so schön sein.
Mit diesem Gefühl begab ich mich nach einer guten Stunde wieder auf den Heimweg, wofür ich bewußt einen kleinen Umweg wählte, um nicht am Haus von Patricks Eltern vorbei zu müssen. Schließlich kannte ich meine Pappenheimer - immer dann, wenn ich irgendwo in der Ferne auftauchte, ließen sie sämtliches Spielzeug fallen und rannten zu mir, als ob wir uns Jahre nicht gesehen hätten. An ein Weiterspielen war dann leider oft nicht mehr zu denken.
Also schlenderte ich mit meinen Einkäufen bepackt die Ortsdurchgangsstraße entlang und ärgerte mich nicht einmal über die stinkenden Autos, die an mir vorbeirauschten. Doch plötzlich stockte mir der Atem: etwa hundertfünfzig Meter von mir entfernt hüpften eindeutig Philipps und Bernhards T-Shirts auf dem schmalen Bürgersteig herum und spielten mit Patricks Hemd Fangen. Weit und breit war kein Erwachsener zu sehen. Nur rasende Autos.
Von einer Sekunde zur anderen waren meine Körbe entsetzlich schwer geworden. Ich kam kaum vorwärts, so sehr ich mich auch bemühte, den dreien entgegenzulaufen. Als ich

mich endlich in Hörweite befand, keuchte ich: „Hört auf, Mensch. Was macht ihr denn hier? Wo ist Patricks Mama?"
Ehe Bernhard und Philipp überhaupt recht mitbekommen hatten, daß ich im Andampfen war, rief der flinke Patrick zurück: „Meine Mama ist zu Hause. Die backt 'nen Kuchen."
„Meine Güte Kinder, ihr dürft aber doch nicht alleine hier her!" Nun, da ich genau vor ihnen stand, nahmen selbst meine Kinder endlich Notiz von mir.
„Hallo, Mama", grinsten sie. „Wir spielen hier Fangen."
„Das sehe ich, ihr Deppen!" brüllte ich und donnerte die Körbe auf den Gehweg. „Ihr wißt doch, daß das hier an der Straße gefährlich ist! Wie oft hab' ich euch gesagt, auf dem Bürgersteig wird nicht gespielt!?!"
„Aber meine Mama hat nichts dagegen", verteidigte Patrick die Situation selbstsicher und blickte mir aufmüpfig in die Augen. Oh, wie mich dieses Selbstbewußtsein mit einem Mal zum Kochen brachte!
„Was deine Mama dir erlaubt, ist mir scheißegal!" fuhr ich ihn böse an. „Aber Philipp und Bernhard dürfen nicht an der Straße spielen, weil das zu gefährlich ist! Ist das klar!?!" Beim letzten Satz hatte ich mich wieder meinem Nachwuchs zugewandt. „Menschenskinder, warum spielt ihr nicht bei Patrick im Garten?" schimpfte ich etwas gemäßigter weiter.
„Uns war dort langweilig", murmelte Philipp. Sein Blick suchte den Boden nach einer Ritze ab, in der er sich hätte verkriechen können.
„Oh, Mann", stöhnte ich, denn was will man zu solch einer Antwort anderes sagen. Dann strich ich mir eine Strähne aus der Stirn und griff wieder nach den Körben.
„Los kommt, ich bring' euch zu Patricks Mama."
Betreten zockelten meine Söhne hinter mir drein, und Patrick kickte verärgert einen Kieselstein über den Gehweg. Ich grübelte fieberhaft, wie ich mich Patricks Mutter gegenüber verhalten sollte. Am allerliebsten hätte ich ihr mit dem gesamten mir zu Verfügung stehenden Lungenvolumen entgegengebrüllt, ob sie noch bei Trost sei, vierjährige Kinder unbeauf-

sichtigt herumstromern zu lassen. Aber leider tue ich selten das, wozu ich Lust habe, so bin ich nun mal erzogen.
Und es war wohl auch keine Lösung, herumzubrüllen, sondern hätte nur böses Blut gegeben.

Glücklicherweise hatte ich etliche Meter Zeit, mich ein wenig zu beruhigen, ehe wir ankamen. Patrick verdrückte sich mit Philipp und Bernhard sofort im Garten.
Die Haustür stand offen.
„Hallo, da sind wir wieder!" rief ich weit fröhlicher als mir zumute war in den Flur hinein, in dem es verführerisch nach frisch gebackenem Kuchen duftete.
„Wieso? Wollen Sie die Zwillinge denn schon abholen?" Patricks Mutter lugte erstaunt um die Ecke der Küchentür. „Die haben doch gerade so schön zusammen gespielt!"
Beinahe hätte diese letzte Bemerkung meine mühsam aufrechterhaltene Fassade der Sanftmütigkeit doch noch zum Einsturz gebracht. Aber Selbstbeherrschung hat eben auch viel mit Feigheit zu tun:
„Nein nein, ich wollte Philipp und Bernhard schon noch ein wenig hierlassen. Ich traf die drei nur auf dem Nachhauseweg unten an der Ortsdurchgangsstraße und dachte mir, hier in Hausnähe wären sie doch besser aufgehoben."
„Ach so, ja, der Patrick spielt gerne dort unten. Er paßt auch immer gut auf, der Flitzer. Kann ja kaum was passieren!"
„Also, ich hab' die Kinder doch lieber wieder hierher gebracht", druckste ich vorsichtig herum. „Irgendwie ist mir wohler, wenn sie im Garten spielen statt auf Bürgersteigen. Vielleicht bin ich da etwas übervorsichtig. Aber es kann ja so schnell was passieren, gerade bei Kindern."
„Ach was, die passen schon auf. Die sind fixer als wir denken."
Anscheinend schloß Patricks Mutter von ihrem Prachtknaben auf die Fähigkeiten aller anderen Geschöpfe unter einem Meter zwanzig. Sie kannte eben meine Träumer nicht. Konnte sich wohl überhaupt nicht vorstellen, daß es Kinder gibt, die Straßen wie Schlafwandler überqueren, obwohl man ihnen

schon mindestens wenn nicht öfter erklärt hat, worauf im Straßenverkehr zu achten ist.

„Meinen Sie? Ich bin mir da nicht sicher", antwortete ich zweifelnd. „So, jetzt muß ich aber nach Hause, sonst verderben mir die frischen Sachen im Korb. In einer Stunde hol' ich Bernhard und Philipp wieder ab."

„Ich kann die Zwillinge doch auch von hier losschicken. Dann brauchen Sie nicht zweimal zu laufen."

Ich blickte Patricks Mutter fassungslos an. Bei manchen Leuten hilft einfach nur der Holzhammer, wirbelte es mir durch den Kopf. Doch solche Werkzeuge kann man nicht schwingen, ohne zu verletzen. Und das wollte ich nicht.

„Nee, lassen Sie mal", sagte ich nur, „ich hol die zwei lieber. Ich laufe sowieso gerne, besonders bei dem herrlichen Wetter. Tschüß, bis nachher."

Ich trat aus dem Flur in die strahlende Sonne hinaus und guckte im Weggehen nach den Kindern, die auf dem Rasen balgten. Hoffentlich blieben sie dort...

Auf dem Heimweg grübelte ich darüber nach, ob ich mich richtig verhalten hatte. Wie immer in solchen Situationen fielen mir auch diesmal die besten Antworten erst hinterher ein. Sonderlich schlagfertig war ich noch nie.

Hatte ich mich zu wenig eingemischt? Hätte ich Bernhard und Philipp doch gleich mitnehmen sollen? - Sicherlich wäre diese Reaktion nüchtern betrachtet zu überzogen und auch für die Kinder zu hart gewesen, die wirklich gerne mit Patrick spielten. Die Sache war nun einmal geschehen, und nicht mehr rückgängig zu machen. Und dafür, daß es wirklich bei diesem einen Mal blieb, wollte ich schon sorgen...

Nur wie?

Schweizerkäse-Toleranz

Die Erkenntnis war bitter genug: auf Dauer schienen meine eigenen Vorstellungen eines toleranten Erziehungsstiles für Philipp und Bernhard mit der Wirklichkeit um mich herum wohl nicht vollkommen im Einklang zu halten zu sein.
Dabei hatte ich mir vor der Geburt der Kinder alles so hübsch ausgemalt. Anders als meine Generation in den meisten Fällen noch erzogen worden war, wollte ich meinen Kindern zugestehen, sich ihren eigenen Weg zu suchen, auf dem sie zufrieden durchs Leben gehen konnten. Und natürlich würde ich ihnen dabei gerne mit Ratschlägen zur Seite stehen - wenn sie dies überhaupt zuließen. Aber mich aufdrängen? Nie!

So war es nur konsequent, meinen Kindern auch die Auswahl ihrer Freunde selbst zu überlassen. Sollten sie spielen, mit wem sie wollten! Sie alleine mußten schließlich am besten wissen, mit wem sie klar kommen, sagte ich mir.
Meine Güte, wie hatte es mich in meiner Kindheit genervt, wenn die Erwachsenen für unsere Freundinnen eigentlich kaum Interesse zeigten, sondern immer nur die unvermeidliche Frage abspulten: „Was macht denn der ihr Vater?"
So was Verrücktes!!
Wie konnte den Eltern der Beruf anderer Eltern als Grundlage dafür dienen, deren Kinder zu beurteilen? Wenn ich daran zurückdenke, spüre ich noch heute den Kloß im Hals und diesen unangenehmen Druck auf dem Magen. Gefühle, die meine innere ohnmächtige Wut begleiteten.
Und ich schwor mir: so werde ich mal nie, wenn ich groß bin! Nie!!
Stattdessen summte ich voller Inbrunst „Spiel nicht mit den Schmuddelkindern, sing nicht ihre Lieder, geh doch in die Oberstadt..." von Franz Josef Degenhardt. Dieses Lied war damals gerade höchst populär und in meinen gebeutelten Ohren ein hinreißendes Plädoyer für freie Erziehung. Im Takt der

Melodie schlug mein Herz fröhlich für diese interessanten Schmuddelkinder, die viel mehr durften als unsereiner.
Ja, so war ich. Tolerant bis in die letzte pubertär gefüllte Talkdrüse und entschlossen, meine Ideale bis ins 90. Lebensjahr hinüberzuretten. Wer sollte mich daran schon hindern?

Und so blickte ich ein gutes Jahrzehnt später selig in die Wiegen und streichelte meinen schreienden Würstchen verständnisvoll die Wängelein. Ich beobachtete aufgeregt die ersten zaghaften Schrittchen meines doppelten Glückes und lächelte nachsichtig, als dieses kleine Stückchen Selbständigkeit ohne Umwege in die frisch gepflanzten Herbstastern wackelte. Ich zügelte meine eigenen Ansichten über ein harmonisches Familienleben so gut es eben ging und ertrug geduldig die Trotzphase.
Verständnisvoll, nachsichtig, geduldig. Ja, so war meine Erziehung. Zwar nicht immer, aber doch morgens um acht.
Sogar noch weit in die Kindergartenzeit hinein. Eben genau bis zu dem Tag, an dem Philipp und Bernhard bei Susanne in den Genuß von „Balla-balla-vidos" kamen. Da begann an meinem freien Erziehungsstil ein kleiner Wurm zu knabbern. Schrabb, schrabb.
Nikotingeruch an Kinderkleidern schmeckte ihm besonders gut. Schrabb, schrabb.
Und als der nun schon recht stattliche Würmerich dann sah, daß seine Schützlinge im wahrsten Sinne des Wortes unter die Räder zu kommen drohten, wenn ich weiter so blauäugig tolerant war, da schlang er den kläglichen Rest meiner einstigen Großmütigkeit mit einem einzigen Haps hinunter, um nur rasch Schlimmeres zu verhindern.
Das Tierchen hatte recht. So konnte es wohl kaum weitergehen.

Aber wie mitmischen, ohne sich einzumischen?
Wie so oft in meinem Leben, wollte ich auch diesmal niemandem weh tun. Wollte weder meinen Kindern das Spiel mit

ihren kleinen Freunden vermiesen, noch mit den anderen Müttern Debatten über den einzig wahren und richtigen Erziehungsstil führen. (Den hatte ohnehin ich für mich gepachtet, das war klar.) Aber stand ich bei dieser vornehmen Rücksichtnahme auf andere nicht wieder einmal im Begriff, einen Teil meiner eigenen Empfindungen zu verleugnen?
Es war so schwierig, all die Gedanken zu ordnen, die am Abend nach Philipps und Bernhards Besuch bei Patrick in meinem Kopf herumwirbelten. Dabei liebe ich Ordnung über alles. Ich lege zum Beispiel leidenschaftlich gerne Listen über die Dinge an, die ich den Tag über zu erledigen habe und hake sie dann voller Vergnügen ab. Schon als kleines Mädchen beeindruckte ich meine Mutter mit diesem Tick. Sobald es etwa ans Verreisen ging, erstellte ich bereits Wochen vorher eine ordentlich gekrakelte Liste, die ich beim Packen neben den Koffer zu legen pflegte. Mit Bleistift zum Abhaken.
Ja, und an diesem Abend nun stand ich wiederum da und versuchte mit einer Liste voller Gefühle im Kopf eine Art Koffer zu packen. Aber ich kriegte den verflixten Deckel nicht zu. So sehr ich mich auch mit einer dicken Portion moderner Lebenseinstellung auf den Koffer wuchtete, um die Verschlüsse endlich zum Einschnappen zu zwingen - an irgendeinem Ende hing immer irgendein Zipfel heraus und blockierte alles. Freie Erziehung und Mutterliebe wollten in diesem Falle nun einmal nicht gemeinsam auf Reisen gehen.

So kämpfte ich mit den Tücken der Toleranz immer noch vergebens, als ein paar Tage später Susanne zusammen mit Bernhard und Philipp mittags im Kindergarten auf mich losstürmte und bat:
„Dürfen die Zwillinge heute Nachmittag zu mir kommen?"
Meine Güte, konnte es nicht Marcel sein? Den hatte ich immerhin noch in den Koffer hineinquetschen können, nachdem ich mich dazu durchgerungen hatte, ein zeitlich begrenztes Schattendasein meiner Kinder mit einem Hauch von „Kim" und Dekadenz zu akzeptieren. Sogar samt käsiger Nasenspitze.

Aber nein, da stand Susanne. Balla-balla-vido-Susanne.
„Also, hmmmh, ich weiß nicht", begann ich und sah, wie sich die erwartungsvollen Augen meiner Söhne verdunkelten.
„Wir wollen aber!" erscholl sofort das Wehgeschrei.
„Also, hmmmh, nee, ich glaube, wir lassen das lieber, Kinder."
Nun war es heraus, wenn auch nur halb.
„Warum denn nicht, verdammte Sch...?" flunschte Bernhard.
„Du sollst nicht immer solche Wörter sagen!" lenkte ich dankbar erst einmal vom eigentlichen Thema ab.
Inzwischen war auch Susannes Mutter erschienen, wodurch die Argumentation nicht gerade einfacher wurde. Was sollte ich denn nur sagen, ohne allzu deutlich zuzugeben, daß mir der lockere Medienkonsum in Susannes Elternhaus schlicht Magensausen verursachte?
Es war so verlockend, aus Bequemlichkeit und Feigheit heraus doch nachzugeben. Ein „Also, na schön!" aus meinem mütterlichen Munde, und das Schlaraffenland eines freien Nachmittags hätte sich vor mir aufgetan. Ohne jedes Argumentationsproblem.
Was zum Kuckuck wollte ich eigentlich mehr?
Fröhliche Kinder ohne Angstträume.

„Ach, guten Tag Frau Mayer" begann ich erst einmal, um Luft zu holen und mich innerlich zu stählen, „die Kinder sagten mir gerade, Susanne hätte sie für heute eingeladen. Aber ich glaube, das klappt nicht."
„Aber warum denn nicht?" fiel mir Philipp verärgert ins Wort, und ich bedauerte in diesem Augenblick aufrichtig, meine Kinder nicht in allen möglichen Vereinen angemeldet zu haben, um die Nachmittage für Verabredungen zu blockieren. Wir hatten ja tatsächlich fast immer Zeit! Es mußte für den heutigen Nachmittag schon was ganz Besonderes aus dem Hut gezaubert werden, um meine Kinder über den Schmerz, nicht zu Susanne zu dürfen, hinwegzutrösten.
„Na, weil ihr mich doch seit ein paar Wochen löchert, mit euch endlich einmal Rosinenbrötchen zu backen. Und das

wollte ich ausgerechnet heute machen. Die Hefe hab' ich gerade besorgt." Letzteres stimmte sogar, allerdings handelte es sich dabei um Trockenhefe, die noch ein halbes Jahr auf ihre Verwendung hätte warten können.
„Oh ja, super, wir backen. Das is' toll! Du Susanne, komm doch zu uns. Wir backen Rosinenbrötchen!" Bernhard strahlte seine kleine Freundin an.
Und ich ihn. Das Kerlchen hatte doch tatsächlich immer die besten Ideen! Fand Susanne auch.
Sie kam, wir backten und mampften die eigenwillig geformten Produkte voller Genuß. Während ich anschließend unsere Wohnküche in ihren ursprünglichen Zustand zurückversetzte und mich dabei insgeheim fragte, wo um alles in der Welt ich wohl in den nächsten Tagen noch überall auf angetrocknete Teigreste stoßen würde, spielten die Kinder ein wenig draußen im Hof, bis Susanne abgeholt wurde. Ein gelungener Nachmittag. Mit Susanne, aber ohne Videos.

Diese ganze Geschichte ist mittlerweile ein knappes Jahr her, und ich habe seitdem einiges gelernt.
Zum einen, daß sich Probleme oft ganz von alleine lösen. Susanne war noch ein Mal bei uns; dann endete das Kindergartenjahr und die Kleine kam zur Schule. Freund „Patrick, der Flinke" ignorierte Bernhard und Philipp bald vollkommen, nachdem ihm wohl klar geworden war, daß meine Söhne lahme Zottel sind, die lieber reden als rennen. Und Marcels Mutter gewöhnte sich aus heiterem Himmel das Rauchen ab. Nun können Philipp und Bernhard bei schlechtem Wetter ohne weiteres zu Marcel, und bei Sonnenschein ködere ich ihn einfach zu uns. Ob seiner Mutter dieses meteorologische System bereits aufgefallen ist, weiß ich nicht, ist mir aber auch piepegal.
Zum anderen habe ich gemerkt, daß mich neue Problemfälle nicht mehr derartig aus der Bahn werfen wie die ersten Erlebnisse. Ich habe meinen Weg gefunden, damit umzugehen - und bin dabei sogar meiner Ansicht treu geblieben, daß sich

Philipp und Bernhard ihre Freunde ohne meine Bevormundung selbst aussuchen können. Denn wie ich bereits sagte: Sie alleine müssen schließlich am besten wissen, wer ihnen gefällt.
Aber nur ich *weiß, wo sie hindürfen!*

Der Rest muß eben zu uns kommen, sobald ich Verdacht schöpfe, daß in den Familien Dinge geschehen, die ich nicht gut finde.
Selbst Dominik, dieses treffsichere Bürschlein aus dem vorletzten Kapitel, war noch einige Male bei uns, bis sich seine Wurfdistanz durch Umzug der Eltern auf vierhundert Kilometer erweiterte, was selbst er nicht mit fliegenden Bauklötzchen zu überwinden vermag.
Meine Trauer darüber hält sich in Grenzen, denn ich will nicht behaupten, daß mir Dominiks Erscheinen mit der Zeit reine Freude bereitet hätte. Aber man konnte sich an ihn gewöhnen. Immerhin war sogar er auf seine Art berechenbar, und ich wußte bald, wie ich ihn packen mußte. (Wobei ich mich dies aus strafrechtlichen Erwägungen heraus leider nie wörtlich zu nehmen getraute, obwohl mich durchaus danach gelüstete.)
Philipp und Bernhard fanden diesen Knilch nun einmal „supergut" und legten viel Wert auf seine Kameradschaft; auch, weil sie ihnen im Kindergarten zu enormen Prestigezuwächsen verhalf. Da will man doch nicht so superfies sein und ein striktes Umgangsverbot verhängen!

Meine einstige Großmütigkeit hat trotzdem arg gelitten. Aufrichtig gesagt, bin ich sogar entsetzt, wie intolerant und inflexibel ich geworden bin. Da lade ich alle Kinder herzlich ein und mime Gastfreundschaft - und was versuche ich, damit zu vertuschen?
Daß ich meine Söhne, so lange es noch geht, von allem fernhalten will, was mir nicht in den Kram paßt. Sollen die anderen Kinder nur kommen. Hauptsache, ich behalte meine weiterhin unter Kontrolle.

„Kindern muß das Recht zugestanden werden, eigene Erfahrungen zu sammeln, auch negative" sagen die Entwicklungspsychologen, und dem stimme ich zu - so lange, bis ich in den kleinen Sammelkörbchen meiner Söhne hübsche bunte Fliegenpilze entdecke, die für Kinder verständlicherweise nun mal viel attraktiver sind als ein schnöder Steinpilz. Woher sollen unerfahrene Kinder auch wissen, daß Fliegenpilze giftig sind? Diese Kleinigkeit hatte ich in meiner pubertären Euphorie damals leider übersehen. Und so hat mein Ideal der freien Erziehung nun Löcher bekommen wie ein Schweizerkäse. Aber machen ihn nicht gerade diese zum Qualitätsprodukt?

Hypochondritis gluckus

Es kam nicht von ungefähr, daß mich ausgerechnet Patricks Vorliebe für stark befahrene Verkehrswege endgültig wachrüttelte und zwang, den Umgang meiner Söhne doch ein wenig zu kontrollieren:

Denn ich leide unter entsetzlicher Angst, Bernhard und Philipp könnte etwas zustoßen. Und dies immerzu. Wahrscheinlich habe ich zu viele Krimis und Spielfilme gesehen und lese einfach zu genau die Seite „Zeitgeschehen" unserer Tageszeitung.

Was Kindern aber auch alles zustoßen kann!

Alleine heute morgen lief es mir schon wieder dreimal schaurig den Rücken hinunter. Während Rainer mit Bernhard und Philipp bereits auf dem Weg in den Kindergarten war, blieb ich noch ein wenig am Frühstückstisch sitzen, besah mir das Durcheinander klebriger Teller und Tassen und beschloß, mich erst einmal rasch über das Neueste aus aller Welt zu informieren. Alles, was Muttis Herz an Sensationen begehrt, ist bei unserer Tageszeitung ungemein zweckdienlich auf der letzten Seite angeordnet. So brauchte ich nicht einmal groß zu blättern, um auf die erste interessante Schlagzeile zu treffen:

„Unglück bei Schulausflug. Zehn Kinder ertranken, als sie versuchten, einen Fluß in der Nähe von Jakarta zu überqueren."

Nun, Jakarta ist weit, dachte ich zunächst beruhigt, und außerdem fand ich die dortigen Sitten doch reichlich seltsam, bei Schulausflügen durch Flüsse zu waten. Aber die Sache an sich war wirklich traurig genug. Außerdem - ich nahm einen kleinen Schluck aus der Teetasse - konnte so etwas nicht durchaus auch bei uns in Dirmstein passieren? Mein Herz begann zu hämmern. Wer garantierte mir, daß nicht der kleine Bach am Ortsrand für meine Kinder eine Gefahr darstellte? Ab und an liefen die Erzieherinnen mit ihren Gruppen am Ufer dieses Rinnsales entlang; das hatte ich vor einiger Zeit mit eigenen Augen gesehen. Was, wenn nun einer dieser wilden Rüpel meinen kleinen zarten Bernhard ins Wasser schubste?! Oder Philipp über seine eigenen Füße fiel? Tat er ja gerne. Im Geiste sah ich ihn bereits die steile Böschung hinunterkugeln, immer durch die Brennesseln hindurch, die dort plötzlich meterhoch standen, obwohl wir gerade Winter hatten; unten im Matsch blieb er benommen liegen. Gesicht abgewendet. Wasserleiche.

Nur schwer konnte ich mich von diesem Bild losreißen und mir klarmachen, daß solch ein Fall einigermaßen unwahrscheinlich war. Vermutlich konnten sowohl Frau Zeller als auch die Praktikantin schwimmen. Wollte ich hoffen. Könnte ich ja mal beiläufig danach fragen. Und schließlich war das Bächlein gerade einen Meter schmal und je nach Jahreszeit nur zehn bis dreißig Zentimeter flach. Reißend konnte man die Brühe auch nicht gerade nennen... ...die Brühe....!
Meine Güte, vielleicht war Philipp gerade gar nicht ertrunken, sondern an den Folgen einer Vergiftung gestorben, weil er aus Versehen Wasser geschluckt hatte!
Hat es alles schon gegeben, habe ich alles schon gelesen!!
Zwölf Zeilen weiter unten stieß ich auf nächste Kurznotiz:
„Mädchen in Geisterbahn gestorben. Ein dreizehnjähriges Mädchen fürchtete sich bei einer Fahrt mit der Geisterbahn derart, daß es kurz nach Verlassen des Fahrgeschäftes einen Herzinfarkt erlitt und tot zusammenbrach."
Der Mitteilung war ein kurzer Hinweis beigefügt, solch ein Fall sei äußerst selten. Für Bernhard mochte das zutreffen. Aber mein Sensibelchen Philipp... also, Geisterbahn ist auf dem nächsten Rummel schon mal gestrichen. Für beide, vorsichtshalber.
Aber hier, selbe Seite, schräg links oben:
„Bruder wegen Husten getötet." - Und ich hatte Bernhard und Philipp nichtsahnend trotz leichter Erkältung zusammen in den Kindergarten gelassen! Was, wenn nun Philipp seinen Bruder nicht mehr husten hören will und ihm einen Kinder-

gartenstuhl über den Kopf, ..., nein, lieber nicht zu Ende denken.

Manchmal beneide ich wirklich die Leute von früher, als es noch keine Tageszeitung und kein Fernsehen gab und niemand so recht wußte, was eigentlich überall auf der Welt passierte. Was man nicht weiß, macht einen bekanntlich nicht heiß. Es muß einfach paradiesisch gewesen sein, sieht man von streunenden Wölfen einmal ab.
Für mich informierten Menschen grenzt es jedoch an ein Wunder, daß meine Söhne noch leben. Ein Wunder, für das ich wirklich jeden Abend dankbar bin, wenn Philipp und Bernhard nach einem Tag voller lauernder Gefahren wieder einmal gesund in ihre Betten gekrochen sind und darauf warten, daß ich ihnen das schöne Wiegenlied „Guten Abend, gut' Nacht" vorsinge.
Nicht, daß wir uns mißverstehen: das Lied an sich ist schön; ich selbst dagegen singe weniger erbaulich, dafür aber mit ungemeiner Inbrunst. Und gelegentlich denke ich sogar darüber nach, was ich da schmettere:
„Morgen früh, wenn Gott will, wirst Du wieder geweckt."
Diese Bedingung: wenn Gott will. Immerzu diese Unsicherheit. Beim Refrain kann es dann passieren, daß meine Stimme noch mehr als üblich bröselt. Tränen auf den Stimmbändern.
Ich kann nichts dafür. Ich bin die, die im Kino als erste ins Taschentuch schnieft, wenn der Held dahinröchelt, und zu Hause plötzlich dringend auf die Toilette muß, sobald sich im Film abzeichnet, daß der niedliche Hund der Fernsehfamilie gleich vor ein Auto laufen wird.

Vor einigen Jahren las ich auf einer längeren Bahnfahrt einen hinreißend schmalzigen Roman, an dessen Ende ich dicke Krokodilstränen vergoß, weil alles so unsäglich traurig ausging. Da ich das Abteil zum Glück für mich alleine hatte, schluchzte ich hemmungslos vor mich hin - bis ein reizender älterer Herr aus dem Nachbarabteil zu mir herüberkam und

mich zu trösten versuchte:
„Haben Sie Liebeskummer? Aber, aber, ein so junges Fräulein wie Sie...", begann er, ganz alte Schule.
„Nein, nein", wehrte ich ab und lächelte ihn verzweifelt an. „Es ist nur, weil, ...das Buch hier, schnief, endet so traurig. Huhuhu." Und ich deutete auf meinen Schmöker.
„Ach so", nickte da der Herr verständnisvoll und schmunzelte. „Na, dann weinen Sie mal ruhig. Ich kenne das von meiner Frau."
Seither weiß ich, daß ich nicht die einzige bin, die so nah am Wasser gebaut hat. Ich habe sogar schon einmal aufgepaßt, ob auch die anderen in der Christmette feuchte Augen kriegen, sobald das Kirchenschiff verdunkelt wird und alle „Stille Nacht, Heilige Nacht" singen. Sie kriegen sie.

So richtig glücklich bin ich aber erst, seit ich vor einigen Wochen rein zufällig eine andere Mutter kennenlernte, die eindeutig an der selben Krankheit leidet, wie ich:
Hypochondritis gluckus. (Zu deutsch: die durch nichts als durch ein überempfindliches Nervensystem begründbare ständige Sorge einer Glucke, ihre Küken könnten eingehen.)
Es war morgens im Kindergarten. Ich wartete gerade schicksalergeben darauf, daß Philipp und Bernhard ihre Jacken aufhängen und die Hausschuhe anziehen würden, als eine andere Mutter den Kindergarten betrat und zusammen mit ihrer Tochter den ein paar Plätze von uns entfernten Garderobenhaken der Kleinen ansteuerte. Ich hatte die Frau schon öfters gesehen, aber noch nie mit ihr gesprochen. Daher grüßten wir uns nur kurz, dann wandte ich mich wieder der Betrachtung meiner Söhne zu, die inzwischen immerhin schon die Schnürsenkel der Straßenschuhe aufgezogen hatten.
„Na, ihr seid ja heute richtig flink", neckte ich.

„Du Mama, mich zwickt's schon wieder im Bauch", hörte ich da plötzlich das kleine Mädchen jammern.
„Sag mal. Also so was. So wie gestern abend? Aber das war

doch über Nacht weg!" fragte die Mutter.
„Ja schon", jammerte die Kleine weiter, „aber jetzt zwickt es wieder."
„Stark?" forschte ihre Mutter hörbar besorgt und ging vor ihrer Tochter in die Knie, um ihr besser ins Gesicht sehen zu können.
Ich hatte inzwischen zu den beiden hinübergeblickt, denn in der Stille des morgentlich leeren Garderobenraumes so zu tun, als hätte ich das Gespräch nicht mitbekommen, wäre reichlich albern gewesen.
Ich lächelte die Mutter an und meinte leichthin:
„Ist immer ein komisches Gefühl, wenn man nicht genau weiß, was den Kleinen fehlt."
„Wem sagen Sie das", nickte die junge Frau betrübt und richtete sich wieder auf. „Ich denke immer gleich an das Schlimmste. Blinddarmdurchbruch oder so."
„Und bei Kopfschmerzen an Hirntumor?" fragte ich vorsichtig.
„Ja, und wenn die Kleine mal einen Tag blaß und schlapp rumhängt, fürchte ich gleich, es könnte Leukämie sein!" antwortete die andere erstaunt.
„Freut mich, Kollegin", sagte ich zu dieser mir ansonsten völlig fremden Prachtfrau, „ich bin genauso blöd." Und lachte.

Schnell scheuchten wir unsere mittlerweile fertig umgezogenen Augäpfel in ihre Gruppenräume, gaben Küßchen, schlossen die Türen und prusteten los.
„Vermuten Sie auch sofort hinter jedem neuen Leberfleck bei Ihren Zwillingen Hautkrebs?" gluckste meine Schicksalsgefährtin selig.
„Klar", gab ich eifrig zu. „Und neulich, als ein Krankenwagen mit Blaulicht an unserem Haus in Richtung Kindergarten vorbeisauste, sah ich meine beiden augenblicklich blutüberströmt im Gruppenraum liegen. Beide! Stellen Sie sich das vor! Ich konnte mich für keinen entscheiden!"
„Ach herrlich, Sie sind wirklich genauso idiotisch wie ich!" entfuhr es meinem Gegenüber.

„Da haben Sie recht. Und das Komische ist, ich weiß selbst, daß ich total überzogen und hysterisch reagiere; aber ich kann's nicht abstellen."
„Mir geht's ebenso", seufzte die andere Mutter. Wir sahen uns einen Augenblick offen in die Augen. „So, jetzt muß ich aber los. Es war schön, mal jemanden zu treffen, der einen versteht. Mein Mann erklärt mich immer nur für verrückt, wenn ich von meinen Sorgen erzähle. Ihrer wohl auch?"
„Nee, dem gestehe ich aber vorsichtshalber auch nur die Hälfte." Ich grinste listig. „Also, tschüß."
„Ja, tschüß."

Den halben Heimweg hüpfte ich wie ein kleines Schulmädchen mit einer Eins im Rechnen im Ranzen fröhlich vor mich hin. Ich freute mich darauf, Rainer am Abend von meiner netten Bekanntschaft zu erzählen. Sicher würde es auch ihn amüsieren, zu erfahren, daß nicht nur seine Frau bei jedem Schluckauf ihrer Kinder befürchtet, er würde nie wieder verschwinden und die Kleinen bis auf ihre zarten Skelette abmagern lassen. (Ehrlich, das gibt es - hab' ich gelesen!)

Ja, Rainer kennt meine Macke; weiß, daß ich mit hemmungsloser Leidenschaft sämtliche Schreckensmeldungen in mich aufsauge, um mich dann zu ängstigen, solche Dinge könnten auch unsere kleine Familie auseinanderreißen. Ich kleiner hibbeliger Gefühlsdusel habe nie versucht, mich Rainer gegenüber zu verstellen und ihm die lässige Kühle vorzuspielen, die alle Sorgen leichthin über ihre linke Schulter flippt.
Und es gibt zum Glück auch gar keinen Grund, solch eine Inszenierung auf den häuslichen Spielplan zu setzen. Zwar benötigt Rainer kein Taschentuch, wenn im Fernsehen Sissy stirbt, sondern grinst nur genüßlich, weil ich ausgerechnet an dieser Stelle in die Küche laufe, um den Frühstückstisch für den nächsten Morgen zu decken. Auch bereitet es Rainer kein Kopfzerbrechen, daß Bernhard in den Fußballverein eintreten möchte, während ich - die dünnen Schienbeinchen meines

zarten Pflänzchens immer vor Augen - mein Kind bereits mit zertrümmerten Knochen in der Klinik liegen sehe.

Aber selbst meinem Liebsten flattert gelegentlich das Herz, wenn es um das Wohl seiner Söhne geht.
Unsere Kinder waren noch winzig klein, gerade drei Monate alt, als sie eines morgens nicht wie gewohnt um kurz vor sechs ihr Frühstück forderten, sondern anstelle von Gebrüll nur Stille aus ihrem Zimmer drang. Mucksmäuschenstille.
Ich weiß dies, weil ich leider ab sechs Uhr wach lag und, anstatt die Schonfrist vor dem Aufstehen zu genießen, meine Ohren um die Ecken wachsen ließ, um besser nach nebenan lauschen zu können. Es rührte sich wirklich nichts. Nur Rainer wälzte sich unruhig hin und her und erschwerte mir durch sein Geraschel das Horchen.
Um halb sieben hielt ich die Spannung schließlich nicht mehr aus. Ich gab vor, auf die Toilette zu gehen und schlich mich unter der akustischen Rückendeckung des sich wieder füllenden Spülkastens schnell an die Wiegen. Gott sei Dank - die Kinder atmeten noch.
Kaum war ich beruhigt wieder in mein Bett gekrabbelt, erhob sich Rainer; reckte sich gelangweilt, murmelte ebenfalls was von „mal zur Toilette müssen” und kehrte nach angemessener Frist unter die eheliche Bettdecke zurück. Zehn Minuten lang kuschelten wir schweigend aneinander und begannen gerade, unter dem überwältigenden Gefühl, junge Eltern zu sein, die klitzekleine Tatsache auszugraben, daß wir auch noch Mann und Frau waren, als mir irgendwie nach Sprechen zumute war.
„Komisch, daß die beiden heute so lange schlafen”, flüsterte ich.
„Wundert mich auch”, raunte Rainer zurück, „aber sie atmen noch, ich hab' nachgeschaut.” In diesem Augenblick liebte ich meinen bezaubernden Brummbären noch ein ganz klein wenig mehr als ohnehin.
Und schon fingen die Kinder an, zu schreien...

Gemischte Gefühle

Obwohl der eben geschilderten Unterbrechung trauter Zweisamkeit noch etliche folgen sollten, hatten wir unsere ersten Tage ohne Kinder nicht geplant. Wer wollte auch von viereinhalbjährigen Knaben verlangen, eine Woche lang fern von zu Hause ohne Mama und Papa auszukommen? Nur sie selbst.
„Mama, warum fahren wir denn nur so kurz zur Oma?" hatte Philipp gemeckert, als wir die Kinder eingeweiht hatten, daß wir für zwei Tage zur Oma führen.
„Sei froh, daß du überhaupt hinkommst", antwortete Rainer gereizt an meiner Stelle. „Wenn die Oma nicht gerade an einem Samstag Geburtstag hätte, würden wir gar nicht zu ihr fahren können. Ich kann mir halt zur Zeit keinen Urlaub nehmen!"
Freitags stopfte ich die Reisetaschen voll, und am nächsten Morgen starteten wir pünktlich um acht Uhr, um zum Mittagessen bei meinen Eltern zu sein.

„Müßt ihr wirklich schon Sonntag wieder fahren?" fragte meine Mutter bald nach unserer Ankunft, als wir alle gemütlich im Wohnzimmer saßen und sich die erste Wiedersehensaufregung gelegt hatte.
„Ja du, Rainer kann sich zur Zeit nicht freinehmen", antwortete ich.
„Aber wenigstens du könntest doch mit den Kindern hierbleiben", schaltete sich mein Vater ein.
„Nee, das geht nicht; ich hab' auch zu tun", erwiderte ich borstig.
Dabei war der Wunsch meines Vaters durchaus verständlich. Meine Eltern kommen wirklich selten in den Genuß ihrer Enkel. Schuld daran sind die lästigen 440 Kilometer, die zwischen meinem Elternhaus im bayerischen Wald und unserer neuen Heimat liegen. Die rutscht man nicht eben mal schnell runter. Außer ab und an zu Geburtstagen.

„Was du schon zu tun hast...", moserte mein Vater aufgebracht.
Die Wahrheit, daß ich an einem neuen Buch schrieb und damit, gelinde gesagt, unter Termindruck stand, wollte ich lieber nicht als Begründung für die Kürze unseres Besuches anbieten. Meine Schreiberei war diesem Mann der aufgekrempelten Hemdsärmel ohnehin schon eine komplette Brombeerhecke im Auge. Also vermied ich es lieber, meinen Vater zusätzlich zu der Enttäuschung, seine Enkel nur kurz bei sich haben zu können, auch noch mit der Nase auf die Schande zu stoßen, eine Autorin zur Tochter zu haben.
Die Unterhaltung befand sich somit gerade an einem außergewöhnlich sensiblen Punkt, als Philipp feuchte Augen bekam und deutlich vernehmbar „Mir ist das aber auch viel zu kurz!" von sich winselte.
„Nun fängst du auch noch an", rief ich gereizt. Mußte dieser Kerl auch noch Öl in die Flammen meines Vaters schütten?!
„Mensch, Papa und ich können halt nicht länger. Du kannst ja alleine hier bleiben wenn du willst!"
„Das mach' ich auch", trotzte Philipp zurück.
„Meinst du das ernst?" fragte ich irritiert.
„Ja", lautete die knappe Antwort. Und dabei blieb es.

Vom Wäschebedarf her war dieser neue Sachverhalt kein Problem. Ich packe für die Kinder sowieso immer ein, als zögen wir für zwei Jahre in die Wüstenei. Geringfügige Sorgen bereitete mir lediglich Bernhard. Ihm schien der plötzliche Unabhängigkeitsdrang seines Zwillings nicht ganz geheuer zu sein. Eine Woche ohne Mama? Nein, da wollte er lieber mit nach Hause. Wieder hatte ein Söhnchen Tränen in den Augen.
„Ach Bernhard, willst du nicht doch ein paar Tage bei der Oma bleiben? Wir holen euch ja in einer Woche wieder. Sind ja nur fünf Tage weg, der Papa und ich...", munterte ich ihn auf.
„Ich will mit euch fahren", murmelte Bernhard eigensinnig.
Meine Mutter und ich zogen uns unauffällig zu einer geheimen Beratung in die Küche zurück. Oma, weil sie Morgenluft

gewittert hatte, ihre Enkel einmal ohne mich genießen zu dürfen, ich, weil ich Morgenluft gewittert hatte, ihre Enkel einmal nicht genießen zu müssen. Wir fragten uns, ob es Sinn hatte, Philipp alleine bei ihr zu lassen und Bernhard seinem Wunsch gemäß nach Hause mitzunehmen. Aber es stand zu befürchten, daß Philipp ohne seinen ständigen Intimus wohl doch recht rasch Heimweh bekommen würde. Und ganz ehrlich: mochte meine Mutter auch mit nur einem Enkel zufrieden sein - was hätte mir eine halbkinderfreie Woche genutzt? Entweder alle oder keiner, lautete daher die Devise.
Doch Bernhard blieb stur: „Ich will mit euch fahren."

Damit uns nicht langweilig wurde, heulte nun zur Abwechslung wieder Philipp. Er setzte seinen Bruder den wüstesten Beschimpfungen aus, wobei du „Aatsloch" noch zur mittleren Güteklasse gehörte. Während ich Philipp toben ließ und lediglich ein Auge auf meinen Vater warf, aus Sorge, ihm könnten angesichts dieses Geräuschpegels verständlicherweise die Nerven durchgehen, grübelte ich darüber nach, was Bernhard in Dirmstein überhaupt nicht leiden konnte. Denn eines war klar: hier half kein Gebrüll, hier half nur Diplomatie.
„Nun gut, dann kommt der Bernhard halt mit und Philipp darf hier bei der Oma bleiben", begann ich mein Spielchen. „Das klappt schon. Der Bernhard geht dann halt zu Hause in den Kindergarten, damit er nicht so einsam ist und Spielkameraden hat."
„Und hier gibt's keinen Kindergarten?" fragte Bernhard erstaunt.
„Nee, hier nicht. Hier gibt's nur den Wald hinterm Haus, Omas Katzen und Tante Ginas Schafe."
„Ich bleib' bei der Oma."
Na also, wer will denn da noch behaupten, Kinder hätten kein Verständnis für nackte Tatsachen.

So fuhren Rainer und ich am nächsten Tag ohne unseren Nachwuchs nach Hause. Ein wenig seltsam war das schon. Al-

leine der Abschied fiel mir schwerer, als ich vermutet hatte. So klein sahen Philipp und Bernhard plötzlich aus, als ich sie noch rasch knuddelte.
„Seid auch schön brav, ja?" bat ich.
„Na klar", brummte Philipp.
„Ich ruf' auch jeden Abend an, ja, mein Schatz?" tröstete ich mich.
„Ist gut - wann fahrt ihr endlich?" Und so jemandem putzt man mit Liebe den Hintern...
So richtig bitter wurde es jedoch erst nach unserer Ankunft daheim. Keine Kinder mußten dringend auf die Toilette, rasch noch ein Brot zu essen haben und ins Bett geschaufelt werden. Nur wir zwei Alten schlichen durch das stille Haus.
Nachdem die wenigen Dinge, die Rainer und ich für unseren Kurztrip benötigt hatten, aus der Reisetasche geräumt waren, guckten wir uns traurig an.
„Komm, wir gehen noch ein wenig spazieren", schlug Rainer leise vor.
„Oh ja, das ist schön", lächelte ich ihn an. Bevor unser kleines Zwillingsbündel auf die Welt gekommen war, hatten Rainer und ich selbst bei Wind und Wetter jeden Abend vor dem Zubettgehen eine kleine Runde durchs Dorf gedreht. Damals war es noch ein anderes Dorf, oben im Norddeutschen. Über vier Jahre war dies jetzt her. Eine Ewigkeit.
Wir zogen unsere Mäntel an und gingen in die Dunkelheit hinaus. Nach ein paar Metern hakte ich mich bei Rainer ein. Auch dies war ungewohnt, denn normalerweise hing eigentlich immer mindestens eines der Kinder an mir. Ich atmete tief ein und genoß die Nähe. Ja, es begann mir Spaß zu machen, einmal ohne Kinder zu sein.
„Na, dann wirst du ja jetzt wohl eine Woche lang ordentlich klotzen, was?" fragte Rainer nach einiger Zeit.
„Das kannst du glauben!" antwortete ich. „Ich muß!"
Und mit dem Gefühl, für morgen gut ausgeschlafen sein zu müssen, stieg ich wenig später ins Bett.
‚Diese Leere in den Kinderzimmern...', dachte ich als letztes.

Meine Güte, wenn mir meine innere Traurigkeit die ganze Woche lang erhalten bleiben würde - warum hatte ich mich dann eigentlich auf ein paar Tage ohne Philipp und Bernhard gefreut?

Als uns am nächsten Morgen kurz nach sechs Uhr Tina Turner aus dem Schlaf hämmerte, erwartete ich für einen Augenblick, gleich das gewohnte „tapp tapp tapp" vier nackter Kinderfüßchen zu hören. Erst beim zweiten Gedanken wurde mir bewußt, daß die Betten nebenan diese Nacht ja unbenutzt geblieben waren. Sollte ich mich nun freuen? Vorgestern hatte ich immerhin noch deutlich vernehmbar gestöhnt, als unsere Söhne sofort nach meinen ersten wachen Sekunden zum Kuscheln unter meine Decke geschlüpft waren. Aber jetzt?
„Keiner kommt", murmelte ich enttäuscht zu Rainers Kissenhaufen hinüber.
„Mmmh, ist auch wieder nicht schön", gähnte Rainer.
Ich glaube, in diesen Minuten begriffen wir beide als Eltern das erste Mal so richtig, was es heißt, gemischte Gefühle zu haben.
Gemischte Gefühle - das sagt man so oft, ohne eigentlich bewußt darüber nachzudenken; ohne in sich hineinzuhorchen. Nun durchlebten wir diesen Ausdruck, waren tief drinnen ein wenig froh und ein wenig traurig. Gemischte Gefühle eben.
„Ob unsere beiden schon wach sind?" überlegte ich laut.
„Bestimmt", antwortete Rainer zuversichtlich.
„Arme Oma", bemerkte ich und wir grinsten uns beide genüßlich an, bevor wir uns endgültig den Federn entrissen.

Im Bad und später am Frühstückstisch herrschte beängstigende Stille.
„Scheint heute schön zu werden", sagte ich, um überhaupt was zu sagen.
„Mmmh."
„Aber du hast ja leider wieder nichts davon", fuhr ich fort.
„Ja, leider."

„Na, aber wir können heute abend wenigstens wieder spazierengehen. Ist ja auch nett", hielt ich die Unterhaltung aufrecht.
„Wäre gut, ja."
Ich blickte meinen Mann von der Seite an. Hatte er sich in den vergangenen viereinhalb Jahren frühmorgentlicher Hektik des Windelnwechselns, in-Pulloverhelfens und klebrige-Marmeladepfoten-Abwischens zu einem Morgenmuffel entwickelt? Oder hatten wir uns schlicht nichts mehr zu sagen?
„Hast du heute viel zu tun im Büro?" nahm ich erneut Anlauf.
„Ja, sicher." Rainer leerte seine Teetasse. „So du, ich muß."
„Ja, also bis heute abend. Tschüß, Schatz."
Ich winkte Rainer noch ein wenig nach. Dann kehrte ich in die Küche zurück, räumte mechanisch den lächerlich sauberen Tisch ab, lief ins Schlafzimmer, machte die Betten und stand nun inmitten einer blitzsauberen Wohnung und vor der schwierigen Entscheidung, was ich mit all meiner Freizeit anfangen sollte. Und was glauben Sie, fing ich mit ihr an?

Richtig: ich ging durch die Kinderzimmer. Sie zogen mich geradezu magisch an. Beim ersten Betreten genoß ich ihren ordentlichen Zustand, den ich als ordentlicher Mensch gegen die destruktiven Kräfte meiner Söhne noch vor unserer Abfahrt hergestellt hatte. Ich rückte Bernhards schwarzen Kindersturzhelm noch ein wenig ordentlicher zurecht. Und mit einem Mal widerte mich diese ganze Ordentlichkeit ordentlich an.
„Also Lydia, du spinnst!" rüffelte ich mich laut selber, weil kein anderer da war, „nun freu' dich doch endlich!"
Als ich mich schließlich noch dabei ertappte, Philipps Schmusebärchen zu küssen, weil nichts anderes zum Küssen da war, wußte ich, was ich zu tun hatte. Entschlossen machte ich kehrt und zog die Türen hinter mir zu. So zu waren sie seit Jahren nicht mehr gewesen.
„Also Mädchen, jetzt setzt du dich hin und fängst das neue Kapitel an", ging ich mit mir weiter ins Gericht und schon

huschte ich am Schreibtisch vorbei noch rasch ins Bad, um unsere Zahnbürsten zurechtzurücken. Anscheinend besaß ich mir selbst gegenüber nicht die geringste Autorität.
Mein Blick verfing sich an der Heizung. Keine nassen Kinderschuhe standen darunter. Dieses Bild hatte ich mir immer gewünscht; endlich mal alles schön proper. Aber wozu zum Kuckuck war diese Heizung überhaupt da, wenn nicht zum Kinderschuhetrocknen!
Ach, so hatte ich mir den Urlaub von meinen Nervensägen nicht vorgestellt. Hätte mir vor zwei Tagen noch jemand gesagt, daß mich ein leerer Garderobenständer zu Tränen rühren würde - ich hätte ihn für kinderlos gehalten.

Nun aber wirklich an die Arbeit. Als kleines Kind habe ich gerne mit Magneten gespielt. Mehr als ihre Anziehungskraft faszinierte mich dabei allerdings die Tatsache, daß sich gleiche Pole abstoßen. Immer wieder versuchte ich mit aller Mühe und Geschicklichkeit, die zwei Pluspole trotz der unsichtbar wirkenden Kräfte aneinanderzubringen.
Nach diesem Verfahren näherte ich mich nun endgültig meinem Schreibtisch. Mochte er mich abstoßen, wie er wollte - ich mußte zum Stift greifen. Und nun schrieb ich. Schrieb ich und schrieb die Stille um mich Stück für Stück beiseite.
Kurz vor elf Uhr blickte ich auf meine Schreibtischuhr - sinnigerweise ein lauttickendes Geschenk eines meiner Verleger - und stellte entzückt fest, jetzt nicht unterbrechen zu müssen, um Essen zu kochen und die Kinder vom Kindergarten abzuholen. Tätigkeiten, die meine kreative Phase ansonsten immerzu abrupt abwürgen.
Stattdessen dichtete ich noch ein wenig weiter und überbrückte mein wenig später einsetzendes natürliches Mittagstief mit einem Wurstbrot zuzüglich Sonnenbad. Dann fielen mir weitere zwei Seiten ein, bis mein Gehirn endgültig nur noch hochkarätigen Mist von sich gab und ich den Füller zuschraubte.
Von draußen lockte das herrliche Wetter. Ich beschloß, es mir

gutgehen zu lassen und spazieren zu gehen. Einfach so. Ohne große Debatten über das „wohin" und das „wielange" und warum gerade jetzt, „wo wir gerade angefangen haben, so schön zu spielen." Meine Söhne fangen nämlich immer „gerade an, zu spielen".

Ach, phantastisch. Loslaufen, losrennen. Wohin? Zu Angelika. Hoffentlich war sie zu Hause. Angelika ist eine ungemein liebenswerte Person mit dem überdies nicht zu unterschätzenden Vorzug, fast immer zu Hause zu sein. Und die alles von mir weiß. Ich klingelte. Selbstverständlich öffnete sich die Tür.

„Hallo, komm rein", begrüßte mich Angelika. „Wie war's bei deinen Eltern? - Du, sag mal, wo sind denn deine Kinder?"

„Bei meinen Eltern!" grinste ich wie ein Honigkuchenpferd. „Sie wollten dort bleiben."

„Ehrlich? Oh, super!" Alleine diese Äußerung bewies mir erneut, wie sehr Angelika mich verstand.

„Und da arbeitest du nicht?" setzte sie nach.

„Hab' schon", erwiderte ich. „Außerdem - kannst du mir sagen, wer bei diesem Mistwetter am Schreibtisch hocken will? Es ist eine Unverschämtheit! Hab' ich schon mal Zeit zum Arbeiten, scheint die Sonne aus allen Knopflöchern! Hast du Lust, spazieren zu gehen?"

Und selbstverständlich hatte Angelika Lust, so wie fast immer. So stromerten wir nahezu zwei Stunden durch die Weinberge und klönten über dies und jenes, vorzugsweise über uns.

„Wie fühlst du dich jetzt ohne Kinder?" wollte Angelika wissen.

„Du, ganz komisch", gestand ich ihr. „Es ist schön und auch wieder nicht. Auch wenn ich oft schimpfe über die beiden und mir mehr Freiheiten wünsche - wenn sie nicht da sind, fehlt doch was. Also, so immer ohne Kinder? - Nee, lieber doch nicht."

Wir trotteten nebeneinander durch die letzten Strahlen der sinkenden Frühjahrssonne.

„Glaubst du, die Kinder kriegen Heimweh?" fragte Angelika in

unsere Muße hinein.
Ich überlegte kurz.
„Ach nee, glaub' ich nicht, die sind doch zu zweit", antwortete ich. „Bei meiner Mutter wird ihnen immer viel geboten. Und meine Schwester wohnt ja auch in der Nähe und hat einen kleinen Bauernhof mit Schafen und so."

Als ich zu Hause ankam, war mir aber dann doch etwas mulmig. Immerhin waren Bernhard und Philipp erst vier Jahre alt und noch nie ohne mich unterwegs gewesen. Ob da mal nicht doch schon Tränen geflossen waren...
Zum Glück war es gerade achtzehn Uhr geworden und ich konnte, ohne als besorgt aufzufallen, wie versprochen bei meinen Eltern anrufen.
„Hier Hauensild", piepste es gleich darauf vom anderen Ende her. Ich überlegte kurz, wer da piepste, entschied mich für Bernhard, denn nur er kann so „sön s" sagen, und flötete zuckersüß:
„Hallo, Babale, hier ist die Mama! Na, wie geht's dir denn, mein Schatz?"
„Gut, danke", antwortete das Babale und legte wieder auf.
Ungläubig horchte ich in die unterbrochene Leitung hinein. Der kleine Keks war wohl nicht ganz dicht! Aber vielleicht wollte er ja gar nicht auflegen. War ihm einfach so passiert.
Ich wählte erneut. Diesmal hob Philipp ab:
„Hier ist der Philipp", klang es forsch.
„Ja mein Schatz, hier ist die Mama. Na, wie geht es dir, Liebes?" flötete ich nun schon leicht verzweifelt meinen zweiten Sohn an.
„Gut, danke, und dir?"
„Auch gut, danke", antwortete ich.
Schweigen.
„Na, Philipp, was hast du denn heute gemacht? Erzähl' doch mal!" lockte ich.
„Och, eigentlich nicht sehr viel." Erneute Stille. Lediglich im Hintergrund hörte ich leise den Fernseher laufen.

„Du Philipp, guckst du gerade fern?" fragte ich ahnungsvoll.
„Ja, Mama, kannst du morgen wieder anrufen?"
„Aber sicher, mein Schatz!" meinte ich etwas unsicher.
„Gut, dann tschüß." Und schon war auch Philipp aus der Leitung verschwunden.

Ausgerechnet Fernsehen. Fiel meiner Mutter denn wirklich nichts Besseres ein, als ihre Enkel vor die Glotze zu hocken? Rainer und ich hatten diese Entwicklung befürchtet. Anders als bei uns spielt das Fernsehen im Hause meiner Eltern eine große Rolle. Unter Umständen bereits vormittags. Wohlweislich hatte ich meine Mutter daher vor unserer Abfahrt gebeten, auf Bernhard und Philipp Rücksicht zu nehmen und in ihrer Gegenwart besser nicht zu gucken. Doch als meine Mutter mit unschuldsvollem Augenklimpern nachhakte: „Aber Tiersendungen dürfen sie doch sehen? Und ein bißchen Sportprogramm schadet wohl auch nicht?" war mir klar, daß unsere persönlichen Definitionen des Wörtchens ‚viel' reichlich unterschiedlich ausfielen.
Und nun ließen mich meine Söhne ausgerechnet wegen des Fernsehens wie einen ungebetenen Gast am Telefon verhungern. Ich legte den sinnlos gewordenen Hörer auf, versuchte die in mir aufsteigende Traurigkeit tapfer zu überfühlen und ging zum Zeitungsständer, um nachzuschlagen, welche Sendungen gerade liefen.
Aha. „Forsthaus Falkenau". Die hatte meine Mutter vermutlich kurzerhand zur Tiersendung erklärt, weil darin ab und an ein Jagdhund bellt.
Als Rainer nach Hause kam, erzählte ich ihm von meinem beglückenden Telefonat.
„Oh je, ich glaube, du mußt mit deiner Mutter nochmal drüber reden", stöhnte er, wobei mir gar nicht ganz klar war, warum er stöhnte, denn schließlich sollte ich meine Mutter rüffeln!

Am nächsten Tag fiel das kinderlose Aufstehen schon viel

leichter, meine Arbeit ging gut voran, das Wetter war nicht mehr ganz so unverschämt gut, und am Abend fiel mir vor lauter Freude über meine Ungebundenheit erst kurz nach halb sieben Uhr ein, die Kinder anzurufen.
Diesmal war meine Mutter dran:
„Sei mir gegrüßt", sagte sie. „Deine Söhne können gerade nicht mit dir sprechen, die wollen fernsehen."
Da waren wir wenigstens ohne Umschweife beim Thema.
„Also Mama", stöhnte ich betont deutlich in ihre Ohrmuschel hinein, „was schauen sie denn jetzt schon wieder!?"
„Ach, so'ne Tiersendung", säuselte meine Mutter. „Nichts Gefährliches. Da paß' ich schon auf."
Ich war ungemein beruhigt. „Wohl genauso wie gestern bei ‚Forsthaus Falkenau'. Du, in unserem Programmheft steht, da ging es gestern um Wilderer. War das nicht ein bißchen viel für Philipp und Bernhard? Das verstehen die doch noch gar nicht!" polterte ich los.
„Hat ihnen aber gefallen", verteidigte sich Oma.
Im Hintergrund hörte ich den Fernseher dudeln und Philipp und Bernhard vergnügt glucksen. Die heutige „Tiersendung" schien ausgesprochen heiter zu sein.
„Mensch Mama, laß die beiden doch nicht so viel vor'm Fernseher hocken. Die sind doch noch viel zu klein!"
„Ja ja, ich paß schon auf." Irgendwie hatte ich das Gefühl, meine Mutter zu langweilen.
„Wie lange geht die Sendung denn jetzt noch?" fragte ich.
„Oh, noch so ungefähr eine Viertelstunde."
„Na gut, dann rufe ich morgen wieder an. Tschüß."

Sollte ich mir durch diese Angelegenheit die gute Laune eines ganzen herrlich kinderlosen Tages verderben lassen? Nein, dies lohnte sich entschieden nicht. Schließlich bedeuteten fünf Tage zügellosen Fernsehkonsums nicht das Ende aller Tage, sagte ich mir. Und den Kindern machte es Spaß. Hörbar. Sagte ich mir.
Rainer war derselben Ansicht. Zwar fand auch er nicht gerade

berauschend, was unseren Söhnen da an Filmen geboten wurde. Wir gewannen den Eindruck, meine Mutter stellte die Kinder immer dann mit Fernsehen ruhig, wenn sie ihr zuviel wurden. Und das schien besonders gegen Abend der Fall zu sein.
Aber - Oma war eben Oma. Dort galten andere Gesetze. Und fünf freie Abende waren Rainer und mir offengesagt nun einmal näher als die Programmauswahl meiner Eltern. Wir hatten schlicht Gefallen daran gefunden, spazieren und vorzüglich essen zu gehen, und die gesparten Babysitterkosten in Nachtisch anzulegen.

Am dritten Abend war ich immerhin schon so gewitzt, unsere Programmzeitschrift zu konsultieren, *bevor* ich bei den Kindern anrief. Es klappte ausgezeichnet. Nachdem sich Philipp gemeldet und ich aus der Stille im Hintergrund erhorcht hatte, daß der Fernseher meiner Eltern wahrhaftig dienstfrei zu haben schien, fragte ich:
„Na, wie geht es dir denn heute, mein Schatz?"
„Oh prima, Mama. Wir haben heute viel erlebt, weißt du. Der Opa hat einen Baum gefällt, der wäre beinahe aufs Dach gefallen und wir durften zugucken. Das war ganz toll, Mama", sprudelte mein Söhnchen.
„Oh fein, Liebes. Aber es ist nichts passiert?" forschte ich vorsichtshalber nach und in mich hinein, ob da die „Schwarzwaldklinik" nicht vielleicht doch harmloser zu beurteilen war als meines Vaters Holzfällerkünste.
„Nein, ist leider nichts passiert", antwortete Philipp. „Du Mama, und dann waren wir noch bei der Tante Gina und durften Zaun mitstreichen helfen. Mit schwarz. Die Farbe geht aber nich' mehr aus den Jacken raus, aber das macht ja nix."
„Nö, das macht nichts", stimmte ich dem Malermeister zu und meinte dies sogar halbwegs ernst, denn verschandelte Klamotten sind mir schon immer lieber gewesen als ein verschandeltes Innenleben. „Hauptsache, ihr hattet Spaß."
„Ja, Mama. Muß ich jetzt noch mit dir sprechen, Mama? Der

Bernhard will auch mal."
Ich seufzte. Aber war es nicht schon sehr anständig von meinem Sohn gewesen, sich überhaupt mit mir zu unterhalten?
„Na, dann gib mir mal den Bernhard", sprach ich die erlösenden Worte. „Tschüß, bis morgen."
„Tschüß... ."
„...Hallo, hier ist der Bernhard", rappelte es am anderen Ende. „Du Mama, ehm, wir haben gestern einen ganz tollen Film gesehen."
„Ja, ich weiß, du kleiner Spatz, gestern, als ich anrief."
„Ja, Mama. Der war von solchen Raubvögeln, die haben sich immer auf Mäuse gestürzt. Das war lustig." Daher also die Heiterkeit am gestrigen Abend. „Und Mama, ehm, heute morgen haben der Philipp und ich Raubadler gespielt. Philipp war das Männchen und ich war das Weibchen, weißt du? Und die Oma war unsere Maus."
Das interessierte mich. Ich wußte aus eigener Erfahrung, daß meine Söhne bei ihren Rollenspielen höchst einfallsreich sein können und mit ihren Mitakteuren keine Gnade kennen.
„Sag mal Mäuschen, wie habt ihr das denn gemacht?" fragte ich neugierig.
„Nee Mama, ich war doch nicht die Maus, die *Oma*", und die zarte Stimme klang nach oh-je-ist-die-Alte-doof. „Also, der Philipp und ich sind immer hinten auf den Bettrand geklettert - du kennst doch Omas Bett - und dann auf die Oma draufgesprungen. Weil, ehm, die war ja unsere Maus. Und dann haben wir sie verspiesen. Aber wir haben nur so getan."
„Oh prima Bernhard, das hat der Oma bestimmt viel Spaß gemacht", lachte ich.
„Ja, sie hat schön gequietscht. Wie die richtige Maus im Film."
Mein Raubadlerweibchen klang sehr zufrieden.

Ich konnte mir die Szene lebhaft vorstellen. Bernhard und Philipp waren bestimmt zielsicher gesprungen. Herrlich. Das hatte die gute Oma jetzt von ihren ewigen Tierfilmen.
„Das habt ihr sehr fein gemacht", lobte ich meinen Sohn.

Blieb nur noch ein kleiner, aber nicht ganz unwesentlicher Punkt zu klären:
„Sag mal Bernhard, wann seit ihr denn heute aufgestanden?"
„Moment... Oma, wann bin ich heute aufgestanden?" rief Bernhard hinter sich.
„Um fünf Uhr", röchelte meine Mutter aus der Tiefe des Zimmers zurück.
„Um fünf Uhr, sagt die Oma", piepste Bernhard fröhlich.
„Na, dann grüß' die Oma mal schön vom mir. Gibt es sonst noch was?"
„Ja Mama, heute Mittag gab es ‚Königsberger Kotze', das war lecker."
„Ja, das glaube ich, mein Schatz", prustete ich nun vollends los. „So du, bis morgen dann. Sei weiter so lieb."
Ich lachte noch, als ich den Hörer aufgelegt hatte. Das heißt, da fing ich eigentlich erst richtig an zu wiehern, rief immer wieder laut „köstlich!" und hämmerte begeistert auf die Sessellehnen unserer Wohnzimmergarnitur. „Köstlich!" rief ich gerade wieder, als Rainer die Haustür aufschloß und mich verwundert anblickte:
„Was ist denn mit dir los? Ist dein Buch fertig?"
„Nein, das nicht", antwortete ich und ärgerte mich ein wenig, daß er meinem schadenfrohen Höhenflug ausgerechnet mit der Erinnerung an meine Arbeit die Luft abließ. „Nee, aber meine Mutter mußte heute morgen um fünf Uhr schon Mäuschen spielen!" Und dann erzählte ich Rainer die ganze Geschichte von Omas kollossaler Opferbereitschaft.

Drei Tage waren Rainer und ich nun schon alleine auf uns angewiesen und hatten glücklicherweise entdeckt, daß wir uns doch mehr als den letzten Wetterbericht zu erzählen hatten. Nun störte nicht einmal der leere Frühstückstisch. Zumindest nicht sehr. Und auch nur, weil wir wußten, daß dieser Zustand lediglich vorübergehend war.
Der Freitag kam. Rainer fuhr wie gewohnt ins Büro, ich setzte mich wieder an den Schreibtisch und formulierte noch einige

Sätze des neu geschriebenen Kapitels um. Feinarbeit. Mehr lohnte sich nicht mehr zu beginnen. Denn morgen würden wir wieder die 440 Kilometer zu meinen Eltern unter die Reifen nehmen, um uns in den Besitz unserer Kinder zu bringen. So tippte ich die letzten Seiten fein säuberlich in die Maschine, las Zeitung, bügelte die Wäsche einer Woche und ging spazieren. Auf dem Heimweg schlenderte ich bei meiner Freundin Annick vorbei, und wir tranken draußen auf der Terrasse Tee. Schön.

Als ich nach Hause lief, sah ich Rainers Auto schon von weitem vor unserem Haus stehen. Ja richtig, wir hatten uns ja vorgenommen, heute noch einmal den Babysitter zu sparen und ins Kino zu gehen. Zum feierlichen Abschluß sozusagen.

„Hallo Schatz, schön, daß du schon da bist!" rief ich bereits von der Haustür aus. So beschwingt hatte ich mich schon lange nicht mehr gefühlt. Dann fiel mein Blick auf die große Uhr an der Wand, und ihr Zeigerstand machte mich auf der Stelle wieder zur Mutter.

Meine Güte, kurz vor sieben!

„Mensch, ich muß die Kinder anrufen!" rief ich entsetzt. „Die hätte ich beinahe vergessen!"

„Keine Sorge, ich hab' gerade mit ihnen telefoniert." Rainer schmunzelte. „Viel Zeit hatten die Herren zwar nicht. Und außerdem haben sie mich immer Opa genannt. Aber sie freuen sich auf uns morgen. Sagt Bernhard. Übrigens waren sie heute im Wald Tannenzapfensammeln. Und dann durften sie noch ‚Quax, der Bruchpilot' gucken. Oma muß jetzt ständig Flugstunden bei ihren Enkeln nehmen, wurde mir berichtet."

„Von wem?" fragte ich lachend.

„Von deiner Mutter."

„Na, die wird froh sein, wenn wir die Kinder wieder mitnehmen!"

„Ja, so klang sie", bestätigte Rainer.

Wir steckten noch voller ausgelassener Albernheit, als wir uns für's Kino umzogen. Rainer entledigte sich seines Anzugs und der lästigen Krawatte und schlüpfte in die heißgeliebten Jeans mit Freizeitpullover, ich schlüpfte aus meinen Jeans und zwängte mich in einen schicken Rock. Jedem das seine. Und auf ging es in die letzte Runde, die Vorzüge eines Ehepaares ohne Nachwuchs zu genießen. Inklusive leckerem Nachtisch. Da dürfen Sie sich nun drunter vorstellen, was Sie wollen.

Am anderen Morgen fiel mir das Aufstehen deutlich leichter, als ich um Mitternacht vermutet hatte. Es war nicht wegzuleugnen, daß mich eine gewisse innere Unruhe gepackt hatte und mit fester Hand unter die Dusche zog: Ich wollte zu meinen Kindern.

„Na, dann wollen wir mal", meinte auch Rainer verdächtig munter. In Rekordzeit saßen wir im Auto. Klar, keine Kinder zu verstauen, nur eine kleine Tasche zu packen - da läßt es sich leicht reisen.

Und wir fuhren einer vollen Rückbank mit Zank und Lärm und einem Berg an Kruschkram, der „unbedingt" mit mußte, entgegen.

Freiwillig.

„War schon mal schön so ohne die beiden", zog Rainer nach einigen Kilometern erwartungsvoller Stille Bilanz. „Aber jetzt wird es Zeit, daß wir die Männer wiederkriegen, meinst du nicht auch?"

„Doch ja, ich freu' mich auf die beiden. - Obwohl ich jetzt schon weiß, daß sie mir nach spätestens zwei Stunden wieder auf den Keks gehen werden", fügte ich hinzu.

„Nach einer", korrigierte Rainer. „Unsere Ganoven...", murmelte er fast liebevoll und wir verfielen erneut in gedankenvolles Schweigen. War ja ganz nett gewesen, daß die Wohnung abends noch genauso aufgeräumt gewesen war wie morgens. Aber diese trostlosen Kinderzimmer...

„Du sag mal, was hättest du eigentlich die ganze Woche getrieben, wenn du nicht zu schreiben gehabt hättest?" unterbrach Rainer meine Grübelei.

„Ich weiß nicht. Muß mal überlegen", antwortete ich und überlegte plötzlich tatsächlich sehr ernsthaft. „Ich hätte", be-

gann ich dann nach einer kleinen Weile, „ich hätte..., mmh, ja, ich hätte wohl erst einmal aus lauter Langeweile das ganze Haus von oben nach unten systematisch durchgeputzt..."
„Hätte doch niemand gemerkt", scherzte Rainer.
„...Und dann wäre ich in die Stadt gefahren", nahm ich den Faden wieder auf, „und hätte mir ein paar schicke Sachen zum Anziehen gekauft."
„Oh, dann war schon besser, du hast gearbeitet!" entfuhr es meinem Gatten.
Und wir lachten uns an, jeder mit so einem gewissen Wissen im Blick.

Blut geleckt

Ja, Rainer und ich haben tatsächlich gut lachen, wenn wir auf meine Berufstätigkeit zu sprechen kommen. Meine „Schreiberei", wie wir es scherzhaft nennen, ist für unsere kleine Familie ein wahrer Glücksfall. Aber vielleicht bedarf diese Feststellung einer näheren Erläuterung.

Karriere wollte ich machen. Dies habe ich schon einmal bekannt, als ich vor Jahren darüber schrieb, wie es dazu kam, daß ich dann doch nichts anderes wurde, als „nur Mutter". In meinen studienbegleitenden Tagträumen sah ich mich in meinem zukünftigen Berufsleben gerne umrahmt von mehreren Männern, allesamt mindestens einen Meter fünfundachtzig groß und gutaussehend wie Robert Redford, und allesamt beteten sie mich an, weil ich es verstand, fachlich zu diskutieren und natürlich als einzige die denkbar einfachste Lösung irgendeines schwerwiegenden Problems erkannte. Anläßlich derartig hochwichtiger Konferenzen trug ich stets Modisch-Schlichtes, gerade eben nicht zu modisch oder zu schlicht, bevorzugt Blazerkostüme der Marke „Wer-fragt-schon-nach-dem-Preis". Nicht Chefsekretärin, nein, Chefin wollte ich sein. Doch leider existierte neben dieser Traumwelt für mich zeitweise auch noch das wirkliche Leben. Und dieses hielt für mich gleich zwei schicksalsschwangere Wunder bereit. Mirakel Nummer eins ereilte mich sofort nach Abschluß meines Agrarwissenschaftsstudiums. Denn ich landete nicht in der Vorstandsetage irgendeines internationalen Chemiekonzernes, sondern in einem niedersächsischen Schweinestall. Dieses Kuriosum vollbrachte zum einen die Zuneigung zu einem ehemaligen Studienkollegen, vor allem aber meine närrische Liebe zu Tieren. So trug ich vier Jahre lang ein allerliebstes rotweißkariertes Kopftüchlein, fütterte und mistete, half mehr als fünftausend niedlichen Ferkeln auf die Welt und vergaß vor lauter Begeisterung über das rosige Leben um mich herum völlig, mit meinem Studienkollegen selber Junge zu bekommen.

Wahrscheinlich war er auch einfach nicht der richtige dafür, denn irgendwann geschah Wunder Nummer zwei: Obwohl ich im Schweinestall arbeitete, wagte sich Rainer an mich heran. Freunde vermuten, daß er damals in der ersten kritischen Zeit gegenseitiger Geruchsproben unter chronischem Schnupfen gelitten haben muß, aber dies ist bis heute nicht ganz abgeklärt. Auf alle Fälle aber funkte es zwischen Rainer und mir so heftig, daß ich vor lauter Freude gleich zwei Kinder auf einmal erwartete. Wie man das macht, hatte ich meinen ertragreichen Muttersauen abgeguckt.
Rainer und ich waren sehr glücklich. Zwar weinte ich meiner Arbeit im Stall noch einige bemerkenswert dicke Tränen nach; aber unser gemeinsamer Tatendrang, der die Heirat, die Geburt unserer Kinder und unseren Umzug vom Norden in den Süden in ein einziges Jahr fallen ließ, half, den Schmerz zu verdrängen.
Zudem hatte ich als junge Mutter alle Hände voll zu tun, den Alltag mit Philipp und Bernhard zu überleben. Da verlief vieles anders, als ich es in den frustrierend freudesprühenden Ratgebern für frischgebackene Mütter nachlesen konnte. So anders, daß ich eines genervten Tages einige dieser Bücher wütend in den Altpapiercontainer donnerte und mich zukünftig in den Zeiten, in denen meine Winzlinge schliefen, daran setzte, einen eigenen Ratgeber für überrumpelte Zwillingseltern zu schreiben. Und so lagen nach einem Jahr neben all den Strampelanzügen und Butterkeksen meiner doppelten süßen Last satte hundertsechzig Seiten pralles Zwillingsmutterschicksal im Wohnzimmer herum, die einen Verleger suchten.

Mittlerweile waren auch Philipp und Bernhard beinahe zwangsläufig älter geworden und erwiesen sich als nicht mehr ganz so arbeitsintensiv. Das war schlecht. Denn nun stand mir mit einem Mal wieder Zeit zum Denken zur Verfügung. Den-

ken aber bedeutet Revolution, das wissen die Franzosen seit Danton und Robespierre, und ich, seit ich das erste Mal aus Wut über mein Hausfrauenlos die Abschaffung der Guillotine für Männer bedauert hatte.
Doch nicht nur in mir, auch um mich herum begann es ungemütlicher zu werden. Es ging bald eine Art Denk-Fieber um, das die meisten meiner kindergebeutelten Bekannten zwanghaft nach neuen Aufgaben suchen ließ. Wir hatten es schlicht satt, zu Hause zwischen Küche und Kinderzimmer unser Dasein zu fristen. Wir wollten raus, zeigen, daß mehr in uns steckt, als das Möhrenschaben für's nächste Mittagessen, wollten wieder Menschen um uns haben, deren Hosen mittags noch genauso sauber waren wie morgens.
Ja, man hätte es eine regelrechte Fallpsychose nennen können: kaum waren bei unseren Kindern die Windeln weggefallen, fielen uns Müttern die holzgetäfelten Decken unserer schmucken Eigenheime auf den Kopf und wir selbst den Ehemännern auf den Wecker.

Rainer erreichten die Ausläufer dieser Lawine zugegebenermaßen reichlich unvorbereitet, und das war meine Schuld. Wir hatten unsere kleine Familie auf dem gemeinsam gutgeheißenen Traum aufgebaut, daß ich als glückliche Hausfrau und Mutter für immer zu Hause bei den Kindern bleiben würde, um die Brötchen zu schmieren, die Rainer jeden Tag im Büro verdienen würde. Und eine Weile war dieses Margarinereklameleben sogar sehr reizvoll gewesen.
Doch irgendwie war ich wohl schon immer mehr ein Buttertyp. Nur so ist zu verstehen, daß mich nach einiger Zeit jene innere Rebellion beutelte, die ich schon vorhin erwähnte. Immer häufiger wurmte mich die mangelnde Anerkennung von außen, die mit meinem Hausfrauendasein einherging. Mit einem Mal verabscheute ich diesen wertmindernden Mief des Wortes Hausfrau nach dem Zitrusduft von Meister Proper und gemahlenen Kaffeebohnen. Wie produktiv hatte es dagegen im Schweinestall gerochen!

Still ärgerte ich mich, um Rainer nicht zu verletzen. Wenigstens ihm wollte ich die Idylle bewahren. Verließ Rainer morgens das Haus, so dampfte ich zwar innerlich, weil am liebsten *ich* die Türe hinter mir zugezogen hätte, um eine Brut zurückzulassen, die sich schon morgens um sieben in den dünnen Haaren lag und mir meine Perspektiven für den restlichen Tag deutlich in die Ohren brüllte. Nach außen aber gab ich lächelnd Küßchen. Daß dieses Theater bei meinen lausigen Schauspielerqualitäten nicht allzu lange gut gehen konnte, war klar.

Eines Abends kehrte Rainer von einem mehrtägigen Geschäftsaufenthalt in Brüssel nach Hause zurück. Die Kinder lagen schon längst im Bett. Während Rainer sich im Bad ein wenig frisch machte, legte ich müde die Zeitung beiseite und bereitete meinem Heimkehrer noch ein belegtes Brot. Wir setzten uns ins Wohnzimmer. Nach einem kurzen Vorgeplänkel über illustre Brüsseler Restaurants bekam Rainer plötzlich noch leuchtendere Augen:

„Ja du, und da war eine ganz tolle Geschäftsfrau bei dem meeting", begann sich mein Liebster zu erwärmen, während er sein Schinkenbrot mümmelte. „Die war so richtig typisch, so wie man sie in Fernsehspielen manchmal sieht. Weißt du, so betont dezent angezogen, die wirkte richtig erfolgreich. Als die neben mir ihre Hotelrechnung bezahlte, klappten ihr sage und schreibe zehn credit-cards aus der Brieftasche."

Wieder ein zufriedener Biß ins Schinkenschnittchen.

Ich überlegte, ob ich mich verhört haben könnte. Hatte Rainer eben wirklich von einer Frau geschwärmt, die so rumlief, wie ich immer hatte rumlaufen wollen? Außerdem - warum zahlte diese Wirtschaftskuh ausgerechnet neben Rainer? War das noch Zufall? Und diese dauernde Verwendung englischer Ausdrücke für Dinge, die man auch deutsch sagen kann! Damit konnte er vielleicht *der* imponieren...!

„Ach, es ist wieder so gemütlich zu Hause", fuhr Rainer in meine Gedanken hinein und reckte sich. „Ist hier irgendwas

passiert?"
„Nee, was soll hier schon passieren...", seufzte ich gedehnt.
„Sag mal, is' was? Du bist so still?" fragte Rainer.
Ich wollte gerade mit einem unverfänglich dahingestöhnten „Was soll schon sein, ich bin halt müde" antworten, als ich plötzlich fühlte, wie sich gegen meinen Willen vollkommen andere Sätze in mir zusammenbrauten und nicht einmal daran dachten, sich aufhalten zu lassen. Sie gewährten mir gerade noch genug Zeit, zu registrieren, daß sich meine Augen zu Schlitzen geformt hatten, als es auch schon aus mir herausbrach:
„Diese herrliche Gemütlichkeit hier zu Hause bezahle ich damit, daß *ich* nicht nach Brüssel reisen kann, um auf einem ‚meeting' mit zehn ‚credit-carts' zu wedeln! Wenn ich nicht deine reizenden Kinder am Bein hätte, wäre ich genauso bewunderungswürdig, verdammt noch mal! Ich halte dir hier den Rücken für deine Scheiß-Karriere frei und du schwärmst mir als Dank von anderen Geschäftsfrauen vor, die nur so toll sein können, weil die noch nie 'nen Kinderarsch abgewischt haben! Mir reicht's!"
Da ich üblicherweise meine Kinder für genau jene Worte rüge, die ich eben besonders laut herausgeschleudert hatte, vergaß Rainer vor Schreck, weiter am Brot zu kauen.
„So toll war die auch wieder nicht. So war das doch nicht gemeint...", versuchte er seinen Kopf aus der Schlinge zu ziehen.
„Bei mir kam's aber so an", brüllte ich mit geballten Fäusten zurück. Schon längst hatte ich meinen bequemen Sessel verlassen und lief wie eine eingesperrte Raubkatze im Zimmer auf und ab. Eingesperrt - ja, so kam ich mir mit einem Mal vor. Eingesperrt von den Kindern, von Rainers Beruf.
„Ich will auch wieder raus! Ich will wieder was Sinnvolles tun! Für was hab' ich eigentlich einen Beruf, Mensch?!"
„Dann mußt du dir halt jemanden für die Kinder suchen und wieder arbeiten gehen", patzte Rainer kalt zurück.
„Du weißt, daß ich das nicht will; Bernhard und Philipp sollen sich nicht abgeschoben vorkommen", entgegnete ich nun

leise, denn Rainer hatte meinen wunden Punkt getroffen.
„Na also, dann geht es nun mal nicht anders." Rainer klang erleichtert: er nahm wohl an, ich würde spätestens jetzt angesichts meiner mütterlichen Verantwortung für die Kinder „vernünftig" werden. Doch hatte er diese Rechnung ohne Kenntnis meines aufgewühlten Seelenlebens gemacht.
„Ach, es geht nicht anders?" äffte ich also munter weiter. „Oh, es ginge sehr wohl anders. Wieso bleibst denn du nicht zu Hause und ich gehe arbeiten?" fragte ich und fühlte, wie es mir in meiner grenzenlosen Frustration Spaß zu machen begann, Rainer zu verletzen. Schließlich hatte ich ja sonst kein Vergnügen. „Ich wäre genauso erfolgreich!"
„Ja, nein, aber das geht doch nicht..." fing Rainer wieder an.
„Und ich kann dir auch genau sagen, warum das nicht geht. Weil sich kein Mann das bieten lassen würde, was uns Frauen angetan wird, mit der dämlichen Begründung ‚es war ja schon immer so' und ‚es geht nicht anders'! Sind das eigentlich nicht gerade die Sätze, die dich im Büro immer auf die Palme bringen? Wo bleibt denn deine Innovationsbereitschaft bitte schön zu Hause?" Ich war selbst erschrocken, wie gemein die Wahrheit klang.
Erschöpft ließ ich mich auf das Sofa fallen und fuhr resignierend fort: „Es tut so weh, daß nur du berufstätig sein kannst. Meine Ausbildung ist doch nicht weniger wert als deine. Ohne Kinder ginge es mir heute so gut. Ich hätte mein eigenes Geld und 'ne Aufgabe, die mir Spaß macht... Stell' *du* dir doch mal vor, plötzlich immer zu Hause zu sein. Und wenn dich dann einer fragt, was du arbeitest, antwortest du brav ‚Hausmann'. Und lebst von meinem Geld, hast nicht mal 'ne eigene Rentenabsicherung. Wenn ich dann nämlich als Rentnerin vor dir das Zeitliche segnen würde, erhieltest du gerade noch sechzig Prozent meiner Bezüge. Und das, obwohl deine Ausgaben ja gleich bleiben und du nur nicht selbst arbeiten konntest, weil du Kinder großgezogen hast, die später den anderen wieder die Renten zahlen. Stell' dir das doch mal wirklich vor!"
„Ihr Frauen macht es euch ganz schön schwer."

„Und ihr Männer euch verdammt leicht", murmelte ich.
„Ja, ich weiß", fuhr nun auch Rainer leiser fort, sichtlich froh darüber, daß ich in ruhigere Gesprächswasser übergewechselt war. „Aber du wolltest doch Kinder, oder?"
„Ja, das weißt du auch. Ich hab' mir halt nur vieles anders vorgestellt. Einfacher. Ich merke eigentlich jetzt erst, daß diese ganze Harmonie um mich herum auf meine Kosten geht. Das gemütliche Haus, die Geborgenheit für die Kinder, der selbstgebackene Kuchen, den ihr alle so lobt - allen versuche ich es recht zu machen und falle mit meinen eigenen Zielen und Wünschen hintenrunter."
„Aber das ist doch deine Arbeit, das Haus, die Kinder und auch der Kuchen, wenn du willst. Das schaffst du doch alles ganz toll!"
„Ja, und als Anerkennung darf ich am besten die Krümel auffegen", schlug ich traurig vor.
„Das geht wohl vielen Frauen so."
„Ich habe mir nicht ausgesucht, Frau zu sein."

Wir schwiegen eine Weile.
„Möchtest du so gerne wieder arbeiten gehen?" fragte Rainer sanft in die Stille hinein.
„Ja, aber ich weiß doch genau, daß das in unserer Situation nicht geht, wenn du nicht bereit bist, zurückzustecken. Wer soll denn die Kinder betreuen, wenn sie mal krank sind oder Ferien haben? Die hier im Dorf auf ihre Mutter zurückgreifen können, haben es gut. Aber selbst die meckern, daß ihnen alles zu viel wird. Ich wäre noch dazu immer auf Fremde angewiesen. Und eine Halbtagsstelle bekomme ich bei meiner hohen Qualifikation sowieso nicht."
„Ja, dann gibt es wohl keine Lösung."
„Nee, die gibt es nicht. Und deshalb bin ich so sauer."
„Auch auf mich?"
„Nee, auch wenn's jetzt so aussieht. Ich hab' dich doch lieb. Nee, ich bin einfach auf alles sauer. So auf das System. Aber das ist ja leider nie greifbar."

Mit diesem bitteren Gefühl ging ich schlafen. Mit diesem bitteren Gefühl wachte ich auf. Und ich lebte damit Monate, in denen ich die weiteren Veränderungen in meiner Umgebung scharf beobachtete.
Ich sah, daß diejenigen Mütter kleiner Kinder, die den Sprung in eine Halbtagsbeschäftignug gewagt hatten, bald tatsächlich am Rande ihrer Belastungsgrenze liefen. Zeit für eine gemeinsame Tasse Tee und einen Plausch verblieb ihnen nur noch selten. Das war schade, denn es bedeutete fast immer den Verlust an Kontakten zu alten Freundinnen. Aber vier Stunden Arbeit, das hieß für die meisten Frauen eben, fünf Stunden von zu Hause weg zu sein, dann noch kochen, putzen, die Kinder betreuen. Von den ungünstigen Kindergartenöffnungszeiten ganz zu schweigen. Hatte ein Kind morgens Fieber, geriet die Mutter in Panik. *Sie* war es, die nun ihr Organisationstalent unter Beweis stellen durfte, denn der Vater brummte höchstens unwillig, wenn seine Frau es wagte, ihn zu bitten, mal eine Stunde früher aus dem Büro nach Hause zu kommen oder das Tennis sausen zu lassen.
Zurückstecken - dies blieb den Müttern überlassen. Auch im Beruf selbst. „Halbtags" läßt sich eben keine Karriere machen. Und so wirbelten meine Bekannten nach Kräften zwischen den verschiedenen Polen ihres Lebens hin und her, während ihre Männer zielstrebig ihren beruflichen Acker bestellen konnten. Manche Frauen warfen daher nach einigen Monaten enttäuscht das Handtuch. Um die Leere in sich zu betäuben, besuchten sie nun Kurse für Seidenmalerei, Yoga, Italienisch und anderen hausfrauentypischen Beschäftigungen.
Ich beobachtete dies alles mit Sorge. Überlegte, daß wohl auch Rainer nie und nimmer bereit wäre, im eigenen Beruf Zugeständnisse zu machen, damit wir gemeinsam einen Weg finden könnten, der auch mir eine Berufstätigkeit ermöglichen würde. Rainer hatte sich zu sehr daran gewöhnt, den Rhythmus unserer Familie zu diktieren. „Ich komm' heute später", „Du müßtest mal auf die Bank" und „Hast du die Hosen in die

Reinigung gebracht?" waren gedankenlos dahingeworfene Sätze, die zeigten, wie die Machtverhältnisse verteilt lagen. Zweifelsohne eine kultivierte Form der Sklavenhaltung.

Am meisten aber taten mir die Kinder der berufstätigen Frauen um mich herum leid. Kindererziehung nebenher? - Das schien selten gut zu gehen. Ich sah, wie einige Mütter ihre eigene Hektik in den Alltag der Kinder einbrachten und den Nachwuchs vor den Fernsehapparat setzten, um wenigstens notdürftig die liegengebliebene Hausarbeit erledigen zu können. Das ihnen daraus erwachsende schlechte Gewissen versuchten sie, mit Geschenken für ihre Kinder zu überlisten. Manche der Frauen durchschauten diesen Mechanismus sogar - und konnten nicht dagegen ankämpfen. Und ich las Artikel über die steigende Anzahl von Verhaltensauffälligkeiten bei Kindern, die Pädagogen und Psychologen eindeutig auf eine immer häufigere Berufstätigkeit beider Elternteile zurückführten. Diese Kinder hockten inmitten ihrer Spielzeugberge und verwahrlosten dennoch.

Es gehört zu meinen schönsten Kindheitserinnerungen, daß meine Mutter für meine Schwester und mich immer da war. Wir machten selten Besonderes zusammen, jeder wurschtelte so vor sich hin, meine Mutter erledigte sogar die Buchführung des väterlichen Geschäftes. Aber sie war erreichbar und verbreitete dadurch Geborgenheit. Schon immer wollte auch ich später für meine Kinder auf diese Weise da sein; wollte mich als der ruhende Pol unserer Familie verstehen, Liebe, Verständnisbereitschaft verkörpern.

Was war mir nach zwei Jahren Mutterschaft von diesem Traum geblieben?

Meine Überzeugung, daß er richtig ist. Daher war ich auch weiter dazu bereit, ihn zu verwirklichen, obwohl mir der Preis, den ich dafür zu zahlen hatte, und nur ich!, mit den Monaten immer höher erschien. Als Entlohnung nichts als strahlende Kinderaugen, und noch nicht einmal diese tariflich abgesichert.

Manchmal überlegte ich, wie meine Mutter all dies verwunden hatte. Als Antwort fiel mir nichts besseres als der Zeitgeist ein. Damals war es für Frauen eben üblich, zu Hause zu bleiben. Wie einfach. Ich aber hatte eine hochqualifizierte Berufsausbildung genossen, hatte „Blut geleckt", meinen Beruf auszuüben. Diese Erfahrung ließ sich nicht so ohne weiteres mit den Geburtsurkunden der Kinder abheften.

‚Erfahrungen' ganz anderer Art sammelten dafür anscheinend Philipp und Bernhard. Und sie entwickelten daraus eine Philosophie, die für die Zukunft meiner Schwiegertöchter vorübergehend Schlimmes erahnen ließ.
Philipp konnte knapp drei Sätze vernünftig hintereinander sprechen, als er mir eines Tages ernsthaft seine Ansicht präsentierte, wozu Frauen auf der Welt zu sein haben. Ich blätterte gerade in unserer Tageszeitung. Lesen konnte man das unmöglich nennen, weil Philipp mir dabei über die Schulter guckte.
„Is'n das?" sabberte er und deutete auf ein Bild, das zwei lächelnde Pilotinnen im Cockpit zeigte. Ich erklärte dies meinem Söhnchen.
„Deht nich", antwortete Philipp
„Doch du, Frauen können auch fliegen", versuchte ich seine Einstellung zu korrigieren.
„Nein", beharrte Philipp. „Fauen dehöhn zu den Tindern!"
„Wahrscheinlich haben die Pilotinnen gar keine Kinder", gab ich zu bedenken und beneidete sie im Stillen, während ich die Spucke von meinem Pullover wischte.
„Fauen müssen Tinder haben." Na bitte.

Alle Hoffnungen auf Bernhard zu setzen, war zwecklos. Dies wurde mir klar, als wir einige Monate später zusammen den Wormser Zoo besuchten und das Wolfsgehege erreicht hatten. Gerade durften mehrere Wölfe im Freigehege herumlaufen, während ein Tier alleine im Käfig eingesperrt blieb. Eine Zeit lang betrachtete sich Bernhard diesen Sachverhalt sehr genau,

so wie es seine Art ist, um dann das Ergebnis seiner Studien nüchtern zusammenzufassen: „Das eine is' bestimmt die Mutter, denn die is' zu Hause!"
„Aber wie man sieht, nicht freiwillig", knirschte ich in Rainers Richtung zwischen den Zähnen hindurch.

Der Ärmste war solche Bemerkungen inzwischen schon fast gewohnt, denn ich ließ kaum eine Gelegenheit aus, ihm in die Gehörgänge zu blasen, wie unzufrieden ich war. Statt mit meinem Gatten liebäugelte ich in letzter Zeit vor allem mit allen möglichen 480-Mark-Jobs, die sich in meiner Umgebung an Schaufensterscheiben kundtaten. Einmal war ich ganz nahe daran gewesen, mich in einem Fleischerladen um eine Aushilfstätigkeit an der Wursttheke zu bewerben. Vom Schweinestall zum Kasseler Rippchen sozusagen. Dann fand ich das Ganze aber doch zu albern, vor allem wegen der ungünstigen Arbeitszeiten.
Um mein Gehirn vor dem völligen Einrosten zu bewahren, beschloß ich, einen Französisch-Konversationskurs an der Volkshochschule zu belegen. Und Rainer fand auch gut, daß ich so etwas für mich in Angriff nehmen wollte. Als der Kurs dann aber angelaufen war, stellte sich heraus, daß ich ihn viele Abende gar nicht besuchen konnte, weil Rainer oft ausgerechnet donnerstags abends im europäischen Luftraum zu weilen schien oder Geschäftsleute in Mannheims Edellokale auszuführen hatte. Selbst unser Babysitter schrieb wichtige Klassenarbeiten anscheinend bevorzugt freitags und brauchte daher seinen Schlaf dringender als ich meine Bildung. Und so saß ich wieder zu Hause und fühlte, wie das richtige Leben draußen an mir vorbeipulsierte.
Wenn Rainer dann spät heimkam und mir von chaotischen Taxifahrten in Mailand oder dreistündigen Telefonaten nach England erzählte, hatte ich ihm nichts Turbulenteres zu bieten als vielleicht einen kleinen Hautauschlag bei Bernhard. Die berühmten drei K's - wie hatte ich sie früher belächelt. Nun war mein geistiges Niveau unleugbar selbst auf Kinder,

Küche und ein wenig Klatsch zusammengeschrumpft.

Der einzige Kontakt, den ich ab und an zu der betriebsamen Geschäftswelt weit weg von mir seit geraumer Zeit pflegte, bestand in der regelmäßigen Absendung meines Zwillingselternratgebers an verschiedene Verlage. Ja, der lebte noch. Aber genauso regelmäßig, wie ich ihn mit allen guten Wünschen versehen zur Post trug, erhielt ich meine hundertsechzig Seiten zurück. Ich kannte die herzlos abgefaßten Absagevordrucke bald auswendig. Daß ich dennoch nicht den Mut verlor, lag an winzigen Randnotizen barmherziger Lektoren, die manchmal beigefügt waren: „Ihr Manuskript gefällt uns wirklich gut. Wir sehen nur keine Vermarktungschance." So oder ähnlich lauteten die Trostpflästerchen.
Und dann lag eines Tages nur ein kleiner Umschlag ohne dickes Manuskript im Briefkasten. Ich hatte es geschafft.
Rainer hatte meine Bemühungen teilnahmsvoll verfolgt. Als leidgeprüfter Zwillingsvater war er vom Sinn dieses Manuskriptes von Anfang an überzeugt gewesen, und an Aufmunterung hatte er es mir nicht fehlen lassen. Nun freuten wir uns gemeinsam über meinen Vertrag.
Ich merkte bald, wie wichtig dieses kleine Büchlein für mein Selbstwertgefühl werden sollte. Herzliche Briefe und sogar Anrufe meiner ersten Leserinnen pinselten mich derartig am Bauch, daß meine Gesundheitslatschen nach solchen Ereignissen immer für mindestens eine Woche deutlich über dem Boden schwebten. Dies bekamen auch Rainer und die Kinder zu spüren. Hatte ich an ihnen noch vor kurzem meine Unzufriedenheit ausgetobt, so durften sie sich jetzt in meiner Freude wohlfühlen. Plötzlich machte es wieder Spaß, mit den Kindern zu spielen oder für Rainer einen leckeren Salat zum Abendbrot zu bereiten - denn nun war dies nicht mehr mein einziger Lebensinhalt. Ich machte es sozusagen freiwillig.
Und als dann noch die ersten kleinen Honorarbeträge auf unser Konto zu fließen begannen, war mein Glück vollkommen. Heute leiste ich mir zwar nicht mehr als vorher, aber

wenn, dann mit der immer noch diebischen Freude, es mir selbst erarbeitet zu haben.
Klar, daß ich unter diesen Umständen nicht nein sagte, als mir mein Verleger anbot, ein zweites Buch für ihn in Angriff zu nehmen. Ja, so wird man durch Zufall Autorin. Aber dieses Wort mag ich gar nicht leiden, weil es so hochgestochen klingt. Konsalik ist ein Autor, oder die Danella. Ich schreibe lieber.

Mittlerweile hat sich die erste Aufregung gelegt, und die Schattenseiten meines selbständigen Berufes sind mir nicht verborgen geblieben. Aber seine Vorteile für mich überwiegen:
Ich wollte immer eine Arbeit, die mir einen kleinen Verdienst und Streicheleinheiten von außen bringt - ich hab' sie. Wenn man von schlechten Kritiken einmal absieht. Aber selbst diese beweisen mir immerhin, daß ich für die Außenwelt existiere.
Ich konnte für mich nur eine Beschäftigung akzeptieren, die ich flexibel gestalten und zu Hause ausführen kann, um für Bernhard und Philipp jederzeit erreichbar zu sein - ich hab' sie. Mir bleibt sogar Zeit, Freundinnen für mich Tee kochen zu lassen und auf meiner Nase Sommersprossen zu züchten. Bei Regen bin ich zweifelsohne produktiver als bei Sonnenschein.
Sicherlich wäre unser Familienleben ohne meine Berufstätigkeit unkomplizierter - aber auch langweiliger. Die ganze Familie darf mitleiden, wenn ich mit einem Kapitel nicht so recht vorankomme. Dann schleiche ich mit verhangenem Blick durch das Haus und fauche jeden an, der meine Wege kreuzt. Künstlerallüren. Manchmal habe ich in solchen Situationen ein schlechtes Gewissen. Aber wenn ich ernsthaft überlege, den Stift für immer aus der Hand zu legen und wieder Nur-Hausfrau zu sein - ja, dann kommt mir in Erinnerung, wie unausgeglichen ich auch ohne meine Arbeit war. Und diese Unzufriedenheit war weitaus gefährlicher, denn sie hatte keine Perspektive.
Dies weiß auch Rainer. Und ich vermute, daß auch ihm meine drei K's auf Dauer zu unattraktiv geworden wären. Deshalb

lacht er ja so, wenn wir auf meine Schreiberei zu sprechen kommen. Denn was konnte ihm überhaupt besseres widerfahren als eine aktive Frau, die immerzu zu Hause ist, keine Putzfrau benötigt und sich sogar ihr Taschengeld selbst verdient, ohne Zeit zu haben, es auszugeben. Dafür ist Rainer heute gerne bereit, morgens später ins Büro zu fahren, um Philipp und Bernhard beim Kindergarten absetzen zu können und ohne mit der Wimper zu zucken, gekauften Kuchen zu essen.

Als Gegenleistung halte ich mir die Abende frei, soweit keine Lesungen stattfinden. Diese wenigen unverschiebbaren Termine zeigen mir allerdings immer wieder, daß meine Selbständigkeit auf den selben wackeligen Beinen steht wie der alte Französischkurs. Und da man Lesungen schlecht absagen kann, weil der Babysitter seine Nerven wieder für die nächste Klassenarbeit schonen muß, hilft in solchen Situationen nur - die Kinder mitzunehmen.

Spätestens seit mich Bernhard und Philipp vor einem Jahr notgedrungen ausgerechnet zu meiner ersten Lesung nach Philippsburg begleiten mußten, sind meine Söhne übrigens von ihrer altväterlichen Vorstellung kuriert, was eine Mutter zu tun und ihre im besonderen zu lassen hat. Zwar meinte Bernhard auf der Hinfahrt noch mit erstaunlicher Überzeugung in der Stimme, er würde sich an meiner Stelle schämen, aus meinem Buch vorzulesen. Aber durch diese und ähnliche Bemerkungen blieb mir wenigstens gar keine Zeit, Lampenfieber zu entwickeln.

Die Kinder waren das Beste an meiner Lesung. Während ich mich durch die Geschichten quälte, ergötzten sich die wenigen Hörer an Philipps und Bernhards lebhaftem Fangenspiel zwischen den Buchregalen der Bibliothek. Als den beiden die Sache dann aber nach einiger Zeit zu langweilig wurde, liefen sie zu mir nach vorne und fragten:

„Mama, wann gehen die Leute?" Doch, die ganze Unternehmung verlief sehr spontan, man kann es nicht anders ausdrücken.

Vor allem aber bin ich in der Achtung meiner Kinder an diesem Abend dadurch gestiegen, daß ich zum Abschluß einen Blumenstrauß überreicht bekam. Auf die Idee waren sie bei den vielen Lesungen, die ich bereits privat für sie abgehalten hatte, noch gar nicht gekommen. Und als ich zum Schluß noch die Strecke von 80 Kilometern ganz alleine ohne Papa fuhr, und das mit satten 120 Stundenkilometern, da waren sie echt von den Socken.

Ja, meine drei Männer haben gelernt, mit meiner Berufstätigkeit zu leben. Sicher ist es manchmal schwierig, meine Bedürfnisse im Alltagstrubel zu verteidigen und meine persönlichen Freiräume abzustecken. Ich habe ja keine festen Arbeitszeiten, auf die ich verweisen könnte. Zeit für mich zu haben, bedeutet daher immer noch, Zeit für mich zu fordern, und dies kostet nach wie vor die ständige Überlistung meines schlechten Gewissens.
Aber im Großen und Ganzen akzeptiere heute selbst ich, daß ich Tag für Tag für etwa zwei Stunden an meinen Schreibtisch verschwinde und knurre, wenn man mir ohne triftigen Grund zu nahe kommt. Besonders, seit ich mir einrede, daß es für Philipp und Bernhard sogar sehr wichtig ist zu merken, wie sehr auch ihre Mutter ein eigener Mensch ist, auf den sie Rücksicht zu nehmen haben.
Und so gibt es eigentlich nur einen einzigen Wermutstropfen, der meine Zufriedenheit ab und an trübt. Es ist die Tatsache, daß ich wohl nie mehr in meinem erlernten Beruf werde arbeiten können. Bereits heute gilt mein vor Jahren erworbenes Fachwissen als veraltet. *Ich* würde *mich,* offen gesagt, auch nicht mehr einstellen.
Deshalb träume ich eben nur noch manchmal davon, einmal wieder mit etwas beschäftigt zu sein, was ich gelernt habe.

Doch dann hätte ich wohl keine Kinder bekommen dürfen. Oder?

Zur Tulpenblüte nach Holland

Oder vielleicht nur ein Kind?

Die junge Frau links neben mir auf der Bank am Spielplatzrand verbreitete jedenfalls einen ungemein zufriedenen Eindruck. Sie beobachtete ihren einzigen Sohn beim Toben, lächelte ihm von Zeit zu Zeit zu und hatte eben ein wenig von ihrer Halbtagstätigkeit als Werbegraphikerin erzählt, die ihr viel Spaß zu bereiten schien.

Doch auch die Frau rechts von mir wirkte zufrieden und lächelte sogar noch deutlich häufiger in die achtköpfige Bande vor uns auf dem Spielplatz hinein. Kein Wunder: immerhin steckten vier ihrer Kinder in dem Knäuel. Das fünfte hielt sie auf dem Arm.

„Sagen Sie, wie schaffen Sie das bloß mit fünf Kindern? Wenn ich mir vorstelle, von meinen Rabauken fünf Exemplare zu besitzen, meine Güte!" fragte ich interessiert nach rechts gewandt.

„Och", meinte da die Angesprochene und rückte sich das Kleine ein wenig bequemer zurecht, „anders will ich es gar nicht haben. Die kleinen Menschen aufwachsen zu sehen, ist für mich viel spannender als jeder Beruf und jedes Buch."

„Findet das auch Ihr Mann?" erkundigte sich nun meine linke Nachbarin. „Meiner würde verrückt werden."

„Nö, nö, mein Mann findet ein volles Haus genauso wichtig wie ich. Sonst würden wir ja jetzt kaum unser sechstes erwarten."

Unwillkürlich schnellte mein Blick taktlos nach rechts unten und untersuchte die Sachlage. Tatsächlich, wenn man es wußte, beulte sich bei genauem Hinsehen die Bluse bereits deutlich aus.

„Das sechste?" entfuhr es mir. „Na dann, Prost Mahlzeit!"

„Wieso?" lachte die kleine Rundung und hüpfte vergnügt, „ich freue mich darauf!"

„Jedem das Seine", lachte auch meine linke Nachbarin. Doch als ich ihr den Blick zuwandte, bemerkte ich, daß der Ausdruck ihrer Augen nur mit Mühe zu ihrer fröhlichen Stimme passen wollte.
„Aua, du Blödmann, aauuuuah, huhuhuhuuuh...." Das langgezogene Wimmern torkelte mitten aus der Kinderschar heraus in Form des fünfjährigen Sven auf seine schwangere Mutter zu.
„Was ist denn passiert?" fragte sie ruhig.
„Ich, ich, ..., huhuhu, bin auf den Kopf gefallen! Huhuhu, mir wird schlecht", jammerte Sven und wurde zur Untermauerung seiner Behauptung postwendend käsebleich.
„Ich glaube, wir gehen mal lieber nach Hause." Ruhig und leise hatte das geklungen, wohl um das schlafende Baby nicht zu wecken, und ebenso gelassen erfolgte das Zusammentrommeln der restlichen Familie: „Kommt alle, der Sven muß heim."
Sie kamen alle ohne zu meckern, kletterten in den VW-Bus am Rand des Spielplatzes und fuhren mit ihrer Mutter davon.
„Können wir Ihnen irgendwie helfen?" hatten meine linke Nachbarin und ich zuvor noch rasch gefragt.
„Nö, nö, das geht schon so", waren wir beschieden worden. Es hatte glaubhaft geklungen.

Nachdem der Bus abgefahren war, herrschte eine eigenartige Stille. Zwar beschossen sich Philipp, Bernhard und der kleine Sohn meiner Banknachbarin weiterhin mit krummen Holzstöckchen, und ich sinnierte kurz darüber nach, warum kleine Jungs wahrhaftig jeden Zweig und jede Mohnstange zu Waffen umfunktionieren müssen. Aber das Spiel wirkte ein wenig lustlos. Und in den Bäumen über uns waren nun wieder die Vögel zu hören, die sich wohl vorher verschreckt zurückgezogen hatten.
„Schön, diese Ruhe", schmunzelte ich, „die Frau ist wirklich zu bewundern, wie sie das den ganzen Tag aushält."
„Ich darf gar nicht daran denken. Sechs Kinder!" stöhnte die

junge Frau.
„Mein Fall wäre das ebenso wenig. Zwei Kinder, ja. Das wollten mein Mann und ich immer. Als Zwillinge sind zwei Kinder sogar ausgeprochen praktisch zu handhaben, sofern man das erste Jahr als Eltern überlebt hat", gab ich zu.
„Ich wollte zu Anfang meiner Ehe auch zwei Kinder haben. Einen Jungen und ein Mädchen", lächelte die junge Frau. Wieder fiel mir auf, wie ernst ihre Augen dabei blieben. „Doch dann, irgendwie, als Timo da war, und ich merkte, wie anstrengend es ist, Mutter zu sein, wieviel das von mir fordert, da wollte ich nicht mehr."
„Vor diese Wahl wurde ich glücklicherweise nie gestellt", grinste ich, „sonst wäre es mir vielleicht ähnlich ergangen."
„Aber Sie hätten sicher nicht wie ich eine zweite Schwangerschaft abbrechen lassen, oder?" Die junge Frau blickte mir plötzlich gerade ins Gesicht.
Ihre Offenheit hatte mich überrumpelt. Ich fühlte mich unbehaglich und zugleich wichtig, weil sie mich ins Vertrauen gezogen hatte. Erwartete sie wirklich eine ernste Antwort? Oder sollte ich mich lieber bemühen, das Gespräch an der Oberfläche zu halten?

„Puuuh," ließ ich erst einmal Luft ab, um zu verdeutlichen, daß mein Kopf arbeitete. Und dann: „Ich weiß es nicht". Meine Stimme hatte eine Spur zu laut und unnatürlich geklungen. „Ich weiß es wirklich nicht", wiederholte ich zur Bekräftigung. „Ich hätte es vorher auch nicht gewußt." Die junge Frau musterte ihre Schuhspitzen. „Selbst als es passiert war, wollte ich es nicht wahr haben; weder, daß ich trotz Spirale wieder schwanger geworden war, noch, daß ich mich gegen dieses zweite Kind wehrte. Ich traute mich überhaupt nicht zum Arzt, als die Regel ausblieb. Ich hatte so Angst, die Wahrheit zu hören."
„Und Ihr Mann?" fragte ich. „Sie sagten vorhin, bei fünfen würde er verrückt werden."
„Ach, mein Mann... . Der hatte sich schon nach Timos Geburt

völlig verändert. Vorher der rührende werdende Vater, hinterher nur noch seinen Beruf im Kopf. Und an den Wochenenden steht er mittlerweile fast nur noch auf dem Tennisplatz. Er braucht das, sagt er. Jetzt ist Timo wenigstens so alt, daß wir endlich mitkommen können. Mit einem zweiten Kind hätte ich wieder nur zu Hause gesessen. So wie meine Mutter mit meinem Bruder und mir früher an den Sonntagen. Mein Vater war Fußballfanatiker, wissen Sie. Die Ehe hat permanent gekriselt." Ihr Blick war von ihren Schuhen zu Timo hinübergewandert, der nun mit Bernhard und Philipp Fangen spielte.
„Ich will eine glückliche Ehe", stieß sie trotzig hervor.
„Um den Preis eines zweiten Kindes", sagte ich leise und fürchtete einen Augenblick, zu weit gegangen zu sein. Doch die junge Frau seufzte nur und fuhr ruhig fort:
„Ja. Aber die Schuld dafür alleine bei meinem Mann zu sehen, wäre unfair. Nein, ich geriet plötzlich wegen so vielem in Panik, als ich merkte, was los war. Zum Teil waren es Dinge, von denen ich nicht einmal geahnt hatte, wie ungeheuer sie mir anscheinend nach Timos Geburt zugesetzt hatten. Die vielen unruhigen Nächte, bis er endlich durchschlief, die Klagen der Mieter neben uns wegen seines ständigen Gebrülls auch tagsüber und wegen der Kinderwagenspuren im Treppenhaus! Und in meinen Beruf war ich auch gerade wieder zurückgekehrt, um wenigstens wieder halbtags Leute um mich zu haben. Ja, und dann das..." Wieder seufzte sie.
„Ich glaube, ich kann Sie verstehen", versuchte ich ihr Trost zuzusprechen.
„Aber verstehen Sie mich auch noch, wenn ich Ihnen sage, daß mir ab dem Tag, an dem der Arzt meine Schwangerschaft bestätigte, mit einem Mal sogar meine morgendliche Zeit zum Duschen und Frühstücken wichtig wurde? Mit Timo hatte sich alles so prima eingespielt. Er morgens zum Kindergarten, ich zur Arbeit, mittags essen wir bei meiner Mutter. Ja, und der Nachmittag gehört Timo und mir, mit spielen oder vorlesen oder in die Stadt fahren. Ich konnte mir überhaupt nicht vorstellen, in diese Beziehung noch ein weiteres Kind hineinzu-

lassen.... Ach Mensch, ich wollte einfach nicht mehr von vorne anfangen, mit Wickeln und Füttern! Ich will mein Leben mit Timo genießen!" Verzweifelt hatte die junge Frau die beiden letzten Sätze beinahe geschrieen.

Timo hob den Kopf, so gut er konnte, denn er stand oder lag vielmehr gerade im Begriff, bäuchlings die Rutsche hinunterzugleiten, und rief: „Was is', Mami?"
„Nichts, mein Schatz. Schon gut, spiel' nur weiter", lächelte meine Banknachbarin.
Timo rutschte, rappelte sich auf, und lief auf seine Mutter zu: „Nee, Mami, eigentlich will ich jetzt nach Hause, Sesamstraße gucken."
„Also gut", stöhnte die junge Frau und ich spürte, wie ihr die durch Timo neu geschaffene Distanz zu mir ungelegen kam. „Aber geh' erst mal deine Spielsachen einsammeln."
Als Timo weit genug entfernt war, fragte ich: „Waren Sie dann im Krankenhaus?"
„Nein, in Holland. Ich wollte gar nicht erst probieren, hier in Deutschland die soziale Indikation zu erhalten."
„Mama, was ist 'sozale Idekazon'?" Urplötzlich war Bernhard neben mir aufgetaucht.
„Etwas ganz Bescheuertes, mein Mäuschen. Komm, sammel' du auch mal deine Spielsachen ein." Ich stand auf und reichte Bernhard meinen Korb. „Und sag' Philipp Bescheid, daß wir gleich gehen", rief ich hinterher.
„Habe ich egoistisch gehandelt?" Die junge Frau hatte sich ebenfalls erhoben und hielt ihre Handtasche an die Brust gepreßt: wie eine Rüstung.
„Nein, ich glaube nicht", antwortete ich. „Ich meine, jedem sind andere Dinge wichtig. Das ist sein gutes Recht."
„Ja, das rede ich mir auch immerzu ein. Aber wenn ich so wie vorhin sehe, daß andere Frauen mit Freuden fünf oder sechs Kinder großziehen, ohne etwas zu vermissen, dann erscheint mir meine eigene Feigheit vor einem zweiten Kind wie Hohn. In mir drinnen ist einfach noch kein Gras über die Sache ge-

wachsen."
„Wie lange ist es her?"
„Sieben Monate", antwortete die junge Frau.
„Was is' mit sieben Monaten, Mami?" rief Timo fertigbepackt von der Rutsche aus.
„Da war ich in Holland zur Tulpenblüte, mein Schatz."
„Ach ja, und ich war mit Papa alleine zu Hause, stimmt's?"
„Genau... So, wir gehen. Also, tschüß."
„Ja, dann tschüß. Ich wünsche Ihnen alles Gute."
Die junge Frau lächelte mich an: „Es hat gut getan, zu reden. Außer mit meinem Mann habe ich noch nie mit jemandem darüber gesprochen, nicht mal mit meinen Eltern. Aber vorhin, ..., die Frau, ..., und Sie kannte ich nicht, da war's irgendwie leichter. Also, ..., tschüß." Sie stieg auf ihr Fahrrad und beeilte sich, Timo zu erreichen, der auf seinem Trettraktor bereits kräftig Gas gegeben hatte.
Ich blickte ihr nach. Hoffentlich würde mich das Schicksal nie vor dieselbe Entscheidung stellen wie sie.
„Kommt, ihr zwei, wir wollen auch nach Hause", rief ich. Einen kurzen Augenblick drängte sich mir dabei unwillkürlich die Vorstellung auf, wie es wäre, wenn jetzt nur ein Kind auf mich zukommen würde: langweilig, entschied ich.

Aber ein drittes Kind? Nein, danke. Mit Philipp und Bernhard hatte sich alles so schön eingespielt. Noch einmal von vorne zu beginnen, wieder zu wickeln, zu füttern und meine Freiheit an den Vormittagen aufzugeben, dagegen wehrte sich in mir jede Faser, je mehr ich mich in diese Situation hineinzuversetzen versuchte. Jetzt war ich dran, zu leben!
Ich seufzte ein wenig, als mir bewußt wurde, daß ich eben im Kopf genau diesselben Sätze geformt hatte wie Timos Mutter. Ja, ich konnte sie verstehen. Was sollte das Denken in Zahlen: ein Kind, zwei Kinder, oder sechs Kinder. Egal.
Im Leben ist schließlich alles relativ, verkündete seinerzeit bereits Einstein. Auch wenn er dabei vielleicht nicht die Gefühle der jungen Mütter von heute im Kopf gehabt haben mag.

Brillenschlangen

Doch nicht nur Einsteins Theorie bereitete mir Probleme. Gelegentlich läßt sich mein inneres Gleichgewicht durch Dinge ins Wanken bringen, die meinem Mann und anderen vernunftbegabten Menschen keinerlei Kopfzerbrechen bereiten.
So glich es für mich schon vor der Geburt unserer Kinder einer mittelschweren Katastrophe, daß das, was sich da in meinem Bauch zur Zeit noch pudelwohl fühlte, später einmal würde Brillen tragen müssen. Meine Kinder!
Ein Damoklesschwert über ihrer Wiege hätte mir kaum mehr Sorge bereiten können als die Tatsache, daß die männliche Seite Rainers Familie schon seit Generationen nicht nur interessante langgliederige Finger und äußerst kultiviert wirkende Geheimratsecken, sondern auch eine korrekturbedürftige Sehschwäche an ihre Nachfahren weitergibt. Vom medizinischen Standpunkt aus wirklich nichts Schlimmes. Echten Hauenschilds kann man ohne Brille lediglich manches kleine x für ein u vormachen.

Ich hatte also vier lange Jahre Zeit, mich mit der mir unbehaglichen Zukunftsvision bebrillten Nachwuchses abzufinden; und dennoch: als mir unsere Kinderärztin nach der „U 8" die Überweisungsscheine an den Augenarzt überreichte, wußte ich mir erst einmal nicht anders zu helfen, als die Zettel tief in der Ablage auf meinem Schreibtisch zu vergraben.
Bernhard und Philipp mit Brillen... .
Schon die Konfrontation mit diesem vorerst ja noch geistigen Anblick ließ mich herzhaft in einen Schokoladenriegel beißen. Während ich noch mit vollen Backen vor mich hinmümmelte, versuchte ich mir klar zu machen, daß mein seltsames Verhalten wohl auf der Tatsache beruhte, Abkömmling einer vollkommen brillenlosen Familie zu sein. Nicht, weil wir alle fürchterlich gute Augen haben; nein, wir sind vielmehr alle fürchterlich eitel. Meine Eltern tragen erst jetzt im Alter eine

Sehhilfe, und diese auch nur zum Lesen, und dies wiederum auch nur, weil irgendwann ihre Arme nicht mehr lang genug waren, um die Schlagzeile der Tageszeitung in würdiger Körperhaltung entziffern zu können.
Selbstverständlich trage ich ebenfalls keine Brille. Allenfalls fahre ich sie spazieren, um der Eintragung im Führerschein genüge zu leisten. Und ganz, ganz selten schleuse ich sie auch unter starken Sicherheitsvorkehrungen heimlich ins Theater ein, damit sie mir in der schummrigen Geborgenheit des Saales die Akteure auf der Bühne ausfindig machen hilft. Aber abgesehen von diesen Gelegenheiten gehört meine Brille ebenso wenig auf meine Nase wie Klobürsten auf eine Festtagstafel.
Neben diesem alten Gestell besitze ich eine noch ältere Schwester, die meines Wissens ebenfalls keine Brille benötigt. Zumindest nehme ich das an, weil ich sie noch nie mit einer gesehen habe. Und als Kinder unsere wilden Spiele und Balgereien mit Brille auf der Nase? Unvorstellbar!

Rainer hingegen trägt seit der ersten Klasse Grundschule eine Sehhilfe. Diese Erfahrung konnte er nun lässig in die Waagschale werfen, als ich ihm eines Abends zaghaft meine Nöte wegen des bevorstehenden Dramas gestand.
„Weißt du", versuchte er mich zu überzeugen, nachdem ich mit stockender Stimme vor seinen Augen das schmerzliche Szenario zweier bis zur Unkenntlichkeit entstellter und vor allem gehemmter Söhne ausgebreitet hatte, „wenn die beiden schon eine Brille brauchen, dann doch besser so früh wie möglich, damit sie sich dran gewöhnen können. In der Schule wird das immer schwieriger."
Ich antwortete nicht, grübelte aber unter Zuhilfenahme meiner stark ausgeprägt düsteren Ader, auch Tiere im Zoo fänden sich mit ihrer Gefangenschaft ja wohl um so besser ab, je eher sie hinter Gitter wandern.
„Und außerdem werden Kinder mit Brillen heute doch kaum noch gehänselt", fuhr Rainer tröstend fort. „Viele Kinder tragen heute Brille, schau dich doch mal um. Das ist anders als

zu meiner Zeit."
Oh, ich hatte mich bereits umgesehen! Mir war durchaus nicht entgangen, daß in den vergangenen Monaten mehrere Kinder aus dem Kindergarten Brillen verschrieben bekommen hatten. Jedesmal hatte mich erschreckt, wie ernst diese kleinen Gesichtchen plötzlich wirkten, nachdem ihre unternehmungslustigen Augen hinter Gläser verbannt worden waren. Und dies sollte nun meinen Kindern angetan werden!
„Bist du eigentlich gehänselt worden?" fragte ich taktvoll.
„Ja, sehr. Brillenschlange haben sie mich genannt. Aber die Gestelle für Kinder waren früher auch echt unmöglich. Heute gibt's doch viel funktionellere. Wer dachte damals an Sportbügel und Federscharniere! So schlimm ist das doch alles gar nicht mehr."
Das reichte! *Funktionell. Sportbügel* und *Federscharniere*! Als wenn es mir darum gegangen wäre! Mir ging es ums Aussehen! Mir ging es um kleine, liebe Kindergesichter!
„Ach Mensch, du verstehst nichts!" fauchte ich wildkatzengleich, katapultierte wie eine Heuschrecke aus dem Sessel und trampelte zur Tür hinaus. Rainer zeigte sich von dieser animalischen Variationsbreite unbeeindruckt. Er hat ohnehin das Gefühl, in einem Affenhaus zu wohnen.
Und auch wer wirklich ernste Probleme hat, wird über mein Gezetere wohl nur müde lächeln. Aber anscheinend hatte ich im Augenblick keine tiefgreifenden Sorgen. Denn nachdem Rainer seine abendliche Zeitungslektüre begonnen hatte, schlich ich in das Wohnzimmer zurück und betrachtete verstohlen die Brille meines technisch orientierten Gatten. Ein edles Modell trug er da. Anthrazitfarbener Metallrand. Sie stand ihm ausgezeichnet. Und doch waren mir Rainers Lachfältchen ohne störende Brille davor tausendmal lieber. Um diese Erkenntnis reicher, knirschte ich ins Bett.

In den folgenden Wochen konnte ich mich nicht dagegen wehren, jedem Brillenträger, dessen ich habhaft werden konnte, angestrengt ins Gesicht zu starren. Dabei kam es meist soweit, daß ich gar nicht mehr wahrnahm, was mein Gegenüber erzählte oder tat, sondern völlig gebannt nach Anzeichen suchte, die auf irgendeine Entstellung hindeuteten. Sah ich einmal von Nana Mouskouri ab, so kam ich zu einem erstaunlichen Ergebnis. Bei meinen Bekannten störten mich Brillen auf keine Weise. Eher das Gegenteil war der Fall. Einigen verlieh erst die Brille die gewisse intellektuelle Ausstrahlung, die es ihnen ermöglichte, auf eine Promotion zu verzichten. Andere überzeugten mich durch extravagante Fassungen, die sich weit mehr als modisches Accessoire denn als plumpe Krücke entpuppten. Offenbar gestand ich allen anderen ihre Sehhilfen zu. Nur meiner Familie nicht.

Sechs Wochen nach dem Erhalt der Überweisungsscheine erklärte ich meine Studien für abgeschlossen und vereinbarte kurzentschlossen einen Termin beim Augenarzt. Nun hing lediglich noch die Tatsache in der Luft, daß Bernhard und Philipp auf das Kommende vorbereitet werden mußten. Ich beschloß, in dieser heiklen Angelegenheit nichts dem Zufall zu überlassen und erarbeitete einen ausgeklügelten Schlachtplan, der völlig im Zeichen einer möglichst späten Beunruhigung meiner zarten Lämmchen stand. Er sah vor, daß ich erst am Abend vor dem geplanten Arzttermin den Kindern beim zu Bett gehen eröffnen würde, daß sie am nächsten Tag nicht in den Kindergarten zu gehen brauchen, Papa hätte sich einen Tag freigenommen und wir führen zum Augenarzt. Auf den durchaus wahrscheinlichen Gegenangriff eines entsetzten „Warum?" war es mir gelungen, eine griffige Antwort vorzuformulieren: „Weil ihr eine Brille braucht".
Als es tatsächlich soweit war, klang meine Stimme bei diesem Satz so ruhig und entschlossen, daß sich für Bernhard und Philipp wahrhaftig jede weitere Frage zu erübrigen schien.
„Gute Nacht, meine Süßen", flötete ich.
„Gute Nacht" klang es klar und deutlich im Chor zurück. Einen besseren Beweis für ihren Schockzustand hätten die Ärmsten nicht liefern können. Wenn meine Kinder freiwillig

einen Gruß erwidern, kann irgendetwas nicht stimmen!

Die Nacht über träumte ich von häßlichen Monstern mit riesigen, dicken Hornbrillen auf den Nasen, die meine unschuldigen, verzweifelt schreienden Kinder in ihre Gewalt zu bringen versuchten.
„Mama, wann fahren wir endlich zum Augenarzt?" Der eben noch entführte Bernhard hüpfte mit vor Freude blitzenden Augen neben meinem Bett auf und ab. 5.48 Uhr. Noch bevor ich diese beiden Tatsachen klar erfassen konnte, setzte der erstaunlicherweise ebenfalls unversehrte Philipp der unverständlichen Äußerung seines Bruders ein weiteres drauf: „Mama, ich möchte jetzt schon meine Brille haben!"
Meine Güte, was sagten sie da? Ich wühlte mich aus den Kissen und bemühte mich, dem neben mir knurrenden Stoppelmuffel vielsagend in die halboffenen Augen zu funken, woraufhin mir diese erstaunlich behende auf gleichem Wege ganze Bände zurückschickten. Eines war klar: egal, wie meine persönliche Einstellung zu Brillen war und wie seltsam mir die Wünsche meines eigen Fleisch und Blutes auch anmuteten - diese Freude mußte Philipp und Bernhard auf alle Fälle erhalten bleiben!
Inzwischen hatte unser Nachwuchs bibbernd vor Aufregung die elterlichen Betten erobert. Philipp hüpfte neben mir wie ein Gummiball auf und ab und entwarf kühne Theorien über das Aussehen seiner Brille, wobei es ihm besonders darauf anzukommen schien, daß sie Gläser enthalten müsse. Bernhard, mehr an das Praktische denkend, fragte aufgeregt, ob er seine Brille denn auch selber putzen dürfe. Genauso wie der Papa.
Also daher wehte der Wind! Deshalb hatten Philipp und Bernhard ihrem Vater immer so genau auf die Finger geguckt, wenn er hauchend und wischend mit konzentrierter Miene einigen Staubfusseln auf den Gläsern seiner Brille zu Leibe rückte! Kein Wunder, daß dieses dramaturgisch kaum zu überbietende Schauspiel die Kinder faszinierte. Und als absolute Krönung legte Rainer seinen Schatz abschließend meist

in das oberste Regal unseres Wohnzimmerschrankes und verbot den Kindern jedes Herumspielen damit strengstens. Also daher wehte der Wind! Langsam erschienen mir Philipps und Bernhards Gelüste sogar verständlich.

Und vor allen Dingen nützlich!
Die Aussicht auf ihre eigenen Brillen zum Kaputtspielen beflügelte Bernhard und Philipp im Verlauf des Morgens nämlich ungemein. Sie zogen sich freiwillig(!) selbständig(!!) an, trödelten nicht einmal beim Frühstück und flitzten nach dem letzten hastigen Bissen mit Höchstgeschwindigkeit aus dem Haus. Selbst den Aufzug zur Arztpraxis, ansonsten in ihren Augen stets eine Art der Fortbewegung, der es heftigst zu mißtrauen gilt, stürmten sie gemeinsam mit ihrem Vater in wahrer Kamikazemanier.
Ich zockelte hinterdrein. In der Praxis empfingen uns zwei nette Sprechstundenhilfen. Eine mit, die andere ohne Brille, wie ich routiniert feststellte. Die Unbebrillte führte uns sogleich mit charmantem Lächeln in das Untersuchungszimmer. Hinterlistige Schlange, dachte ich grimmig, während ich dankend zurücklächelte. Das freut dich wohl, meinen Kindern eine Brille verpassen zu dürfen!
„Na, wer von euch beiden möchte denn als erster hier auf den Stuhl?" raspelte die heimtückische Unbebrillte. Und wer meldete sich?! Philipp! Derselbe Philipp, der sich kürzlich bei der Vorsorgeuntersuchung durch die Kinderärztin heulend und kreischend dagegen gewehrt hatte, seine Schuhe auszuziehen, erklomm hier, ohne mit der Wimper zu zucken, den gefährlich anmutenden Untersuchungssessel. Selbstsicher begann mein Seelchen, die an die Wand projezierten Symbole aufzuzählen.
Rainer und ich saßen an der Seite des Raumes und gaben ein hübsches Bild ab. Wie beim Tennis glitten unsere Blicke ständig zwischen Philipp auf der einen und den immer kleiner werdenden Entchen, Tassen, Schüsseln und Uhren auf der anderen Seite hin und her. Sah ich zu Philipp, lächelte ich ihm aufmunternd zu. Beim Blick zur Wand dagegen schwand mit

jedem nicht erkannten Entchen der letzte Funke Hoffnung, daß Philipp vielleicht doch keine Brille benötigen würde. Erschrocken mußte ich feststellen, daß der kleine Kerl wesentlich schlechter sah, als ich mir jemals hätte träumen lassen.
Als Philipp selbst merkte, daß er auf das freundliche „erkennst du dies noch?" der Sprechstundenhilfe nichts Vernünftiges mehr antworten konnte, begannen dicke Tränen zu kullern. Von Vorahnung getrieben, entnahm ich seinem Gestammel rasch die Ursache dieses Nervenzusammenbruchs: der Ärmste dachte, er würde nun keine Brille als Belohnung bekommen, weil er auf die ständig wiederkehrende Frage immerzu nur noch traurig sein Köpfchen hatte schütteln können. Diese Sorge überraschte selbst die Unbebrillte.
Dann kam Bernhard an die Reihe. Er meisterte fast die ganze Tafel. Lediglich die letzte Reihe bereitete ihm Probleme; aber keineswegs dumm, hatte er bereits die Systematik der Karte in etwa durchschaut, und nannte nun munter grinsend jeweils irgendein Symbol, das vorher schon einmal dran war. Leider hatte er Pech. Es waren immer die falschen. Oder vielmehr hatte er Glück. Schließlich war er auf eine Brille genauso versessen wie sein Bruder.

Sollte ich darüber froh sein? In Anbetracht der Lage war es sicherlich das Beste. Zwei Stunden Aufenthalt in der Arztpraxis hatten wahrhaftig genügt, mich davon zu überzeugen, daß meine Söhne unwiderlegbar eine Sehhilfe brauchten. Und ergeben begann ich zu üben, mich mit den Kindern über die Aussicht zu freuen, sich am nächsten Tag beim Optiker eine hübsche Fassung aussuchen zu dürfen.
Auch dort erwiesen sich Philipp und Bernhard als faszinierend willig. Eine Stunde lang probierten sie ohne Unterlaß Fassung um Fassung, stellten sich immer wieder begeistert vor dem großen Wandspiegel in Positur und strahlten ihr Konterfei an. Da unsere Kinder jedoch offenbar vollkommen andere Entscheidungskriterien zugrunde legten als Rainer und ich, ließ sich die Auswahl der geeigneten Gestelle zunächst etwas

schwierig an. Wie nach Philipps Äußerungen im Bett zu erwarten gewesen war, gefielen ihnen eindeutig jene Fassungen am besten, die bereits mit Fensterglas versehen waren. Erst als es Rainer und mir gelungen war, ihn zu überzeugen, daß auch alle anderen Fassungen mit Gläsern versehen werden könnten, war an eine Einigung zu denken.

Bernhard sah zu meiner Überraschung mit jedem Brillengestell gleich hinreißend aus. Mal professoral, mal sportiv, mal kindlich-verschmitzt grinste er seine Umwelt an, woraufhin die Optikerin regelrecht dahinschmolz. Aber diesen Effekt kennen Rainer und ich bereits, seit unser Charmesprüher seine Umgebung mit seinem Anblick verwöhnt. Wir sehen schon seit langem gefaßt der Tatsache ins Auge, daß die weibliche Teenagerschaft unserer Umgebung in einigen Jahren hysterisch kreischend unser Haus umlagern wird. In schweigender Übereinkunft wählten wir als noch Erziehungsberechtigte daher die kindliche Variante in babyhellblau, um diesen Tag ein wenig hinauszuzögern.

Auch Philipp gefiel sich mit jeder Brille großartig. Am allermeisten hatte es ihm jedoch eine rosafarbene Ausführung des von uns für Bernhard auserkorenen Modells angetan. „Rosa", raunte ich besorgt zu Rainer hinüber, als sich Philipp etwa zwei Meter entfernt mit seinem Traum im Spiegel beliebäugelte, „du, da hab ich ein bißchen Angst wegen des Kindergartens. Meinst du nicht, die anderen könnten ihn wegen der Mädchenfarbe hänseln?"

Noch ehe Rainer überhaupt reagieren konnte, kam Philipp auf mich zu, reichte mir die Fassung und sagte angewidert: „Die gefällt mir nicht. Die will ich nicht."

„Aber warum denn auf einmal nicht, mein Schatz?" fragte ich verblüfft.

„Rosa ist eine Mädchenfarbe." Augenblicklich setzte ich den bereits für nächste Woche angesetzten Ohrenarzttermin auf die Erledigt-Liste.

Schließlich einigten wir uns nach einigem rosa-hin und blauher auf ein Brillengestell Marke „Bernhard" in rot. Und zufrieden, ja, Sie lesen richtig, auch ich war zufrieden, verließen wir das Geschäft.

Bislang hatten wir den Großeltern im Norden und Süden unserer Bundesrepublik noch nichts von den aufregenden Dingen erzählt, die da auf uns alle zukamen. Als nun aber am folgenden Sonnabend unsere Mütter nacheinander zur wöchentlichen Lageberichterfassung anriefen, teilten wir ihnen die Neuigkeit mit. Ihre Reaktionen waren für mich höchst interessant. Vor allem als Rainer berichtete, daß seine Mutter ein gestöhntes: „Ach Gott, na, da werde ich mich wohl erst dran gewöhnen müssen...", geäußert hatte, war ich doch etwas überrascht, sogar auf Hauenschildscher Seite Unbehagen wahrnehmen zu dürfen.
Das Entsetzen meiner Mutter war mir dagegen aus bekannten Gründen von vorneherein klar gewesen, und so erstaunte es mich nicht im Geringsten, daß sie auf die Enthüllung hin mit vor Schrecken gedämpfter Stimme ein dramatisches „Oh Gott!" in den Hörer hauchte, dem die argwöhnische Frage folgte: „Muß das denn wirklich sein? So etwas belastet die Kinder doch sehr!"
Derartige Nachsätze, die an meinen erzieherischen Qualitäten rütteln, verschnupfen mich stets ungemein gründlich. Ich entgegnete daher frostig, daß es besonders bei Philipp sehr wohl sein müsse, und daß das einzige, was die zartbesaiteten Enkel derzeit belaste, der Umstand sei, daß sie ihre Brillen noch nicht hätten.

Was den Tatsachen entsprach; denn nachdem die Kinder leider das Versprechen der Optikerin mitbekommen hatten, uns anzurufen, sobald die Brillen fertig seien, war für die kleinen Kerle eine lange Woche sehnsüchtigen Wartens angebrochen. Philipps größte Sorge war es nun, ob die Dame sich wohl auch unsere Nummer gemerkt hätte. Jede belanglose Konversation endete letztlich bei dieser tiefgründigen Problematik. Bernhard hingegen gewöhnte sich bald an, mir bei jedem Klingeln

des Telefons vor die Füße zu springen und noch bevor ich abheben konnte, zu fragen: „Ist die Brille jetzt fertig?"
Als gegen Ende der Woche der ersehnte Anruf tatsächlich erfolgte, reagierte ich daher verständlicherweise erleichtert und dankte der Optikerin von ganzem Herzen. Überschwenglich versicherte ich ihr, am nächsten Tag ganz bestimmt vorbeizuschauen. Doch nachdem ich den Hörer aufgelegt hatte, schwand meine spontane Freude. Sie wich der mulmigen Erkenntnis, daß meine Schonfrist endgültig abgelaufen war.

Eineinhalb Jahre später nun kommen mir meine Gefühle von damals ziemlich dämlich vor.
Gut, ich empfinde Brillen heute immer noch nicht als ungeheuer schick und praktisch, noch immer ruht meine alte im Handschuhfach, und da wird sie auch den Rest ihres Daseins bleiben.
Aber meine Kinder sehen mit ihren kleinen Brillchen tatsächlich unglaublich putzig aus. Und vor allen Dingen tragen sie sie noch immer sehr gerne. Anfangs waren die beiden auf ihre neue Errungenschaft sogar so stolz, daß es beinahe Tränen gab, wenn ich wieder einmal vergessen hatte, ihnen ihre Gläser morgens vor dem Kindergarten aufzusetzen. Selbst kleinere Hänseleien von anderen Kindergartenkindern überstanden Philipp und Bernhard unbeschadet dank ihrer manchmal durchaus brauchbaren Einstellung, daß diejenigen, die nicht alles supergut finden, was sie supergut finden, ohnehin doof sind.
Überdies habe ich erkennen dürfen, daß meine Sorge, die Kinder würden durch Brillen ihren vollen Spielradius einbüßen, unberechtigt war. Nicht die Kinder zerbrechen an ihren Brillen, sondern ihre Brillen an ihnen. Harmlos noch die Fälle, in denen andere ihnen beim Kampf das Gestell von der Nase reißen, daß die Bügel krachen. Druckvoller erwies sich da schon die Methode eines anderen Kumpans, der sich einfach auf Bernhards Brille setzte.
Auf diese Weise freut sich das Optikerfachgeschäft und wech-

seln bei uns bebrillte und unbebrillte Zeiten von Kind zu Kind in harmonischer Folge ab; eigentlich nehme ich gar nicht mehr so recht wahr, ob Bernhard und Philipp ihre Brillen nun aufhaben oder nicht.

Nur ab und an fallen mir die Gestelle noch bewußt auf - dann, wenn andere Leute mich eigens darauf ansprechen und mitleidsvoll raunen: „Ach je, Ihre Kinder tragen ja Brille!"
Doch ich habe gelernt, solchen Piesepampeln mit einem gekonnt fröhlichen „Gell, die stehen den beiden gut!" allen Wind aus den Segeln zu nehmen.
Diese Unbedarften: wissen nicht, daß man sich an alles gewöhnen kann!

Schreck laß nach, Ferien!

Gewöhnt man sich wirklich an alles?
Zumindest in bezug auf Kindergartenferien melde ich hier mittlerweile größte Bedenken an.

„Ich geh' heute nicht in den Kindergarten!" Besonders Bernhard war in den vergangenen Wochen immer häufiger von der unglückseligen Anwandlung befallen worden, morgens mit entschlossener Stimme seinen Unmut kundzutun.
„Du gehst", hatte ich dann stets ebenso entschlossen meine freien Stunden verteidigt.
„Nein."
„Doch."
„Warum?" Finale grande.
Immerhin trotzte mich Bernhard damit regelmäßig in die schwierige Lage, meinem geliebten Goldstück möglichst schonend die grausame Wahrheit nahezulegen, daß seine leibliche Mutter wenigstens vormittags vor seinem blödsinnigen Geplapper und Gezanke verschont bleiben wollte:
„Schau Bernhard, im Kindergarten ist es doch so wunderhübsch, da kannst du doch so fein mit anderen Kindern spielen. Gell, Babale?"
„Den Philipp habe ich hier auch", hatte Babale durchaus logisch gekontert.
„Aber ihr langweilt euch doch nur zu Hause, ihr wißt ja schon am Wochenende nach einer halben Stunde nicht mehr, was ihr noch spielen könntet!"
„Zu Hause ist es aber viel schöner!"
„Also hopp, ab", hatte ich das fehlende Gegenargument durch eine autoritäre Beendigung der Diskussion ersetzt und Bernhard zur Haustüre hinaus geschoben, vor der Philipp auch nicht gerade ungeduldig gewartet hatte.

Und nun waren sie endlich da, die großen Sommerferien! Ich

freute mich für Philipp und Bernhard, denn irgendwo sah sogar ich ein, daß es für meine Kleinen recht ermüdend gewesen sein mußte, Tag für Tag im Kindergarten auf dieselben Leute und Spielsachen gestoßen zu sein. Vier Wochen lang nach Herzenslust zu Hause trödeln und spielen zu können, mit mir bei schönem Wetter ins Freibad zu fahren, doch ja, das würde ihnen bestimmt gut tun.
Dachte ich am ersten Ferientag. Morgens.
Am zweiten Tag, abends, röchelte ich Rainer bei seiner Ankunft nur noch ein schwaches „Müttergenesungswerk" entgegen. Anschließend brach ich zusammen.
Als ich aus meiner Ohnmacht erwachte, lag ich netterweise auf der Wohnzimmercouch, fühlte Rainers kühle Hand auf meiner Stirn und hörte ihn besorgt fragen: „Was war denn los?"
„Die Kinder..., es hat den ganzen Tag wie aus Eimern geschüttet..., sie waren zu Hause", stammelte ich und schloß ermattet die Augen.
„Ja, weil jetzt Ferien sind", antwortete Rainer leicht irritiert.
„Genau. Ferien", schauderte ich und fiel erneut in Ohnmacht.

Erst nach Stunden, genauer gesagt nach einer Stunde und elf Minuten, als Rainer die Kinder versorgt und ins Bett gebracht hatte, geruhte ich, die Augen wieder zu öffnen und meinem Gatten die Geschehnisse des Tages zu berichten.
„Wußtest du", begann ich, „daß jeder Tag mit den Kindern etwa dreizehn Stunden lang ist, und jedes unserer liebreizenden Geschöpfe in der Minute durchschnittlich zweimal Mama ruft? Ich habe heute dreitausendeinhundertzwanzig Mal das Wort Mama gehört! Kannst du dir das vorstellen?"
Rainer konnte es nicht, bedauerte mich aber wenigstens trotzdem aufrichtig. „Was haben denn die beiden sonst noch den ganzen Tag getrieben?" wollte er dann wissen.
„Also, zuerst haben sie gemeinsam immerzu ‚Mama, uns ist sooo langweilig' gestöhnt. Meinen Vorschlag, einfach das zu spielen, was sie immer vorhaben zu spielen, wenn es in den

Kindergarten geht, fanden sie doof, und außerdem konnten sie sich plötzlich nicht mehr dran erinnern, was sie da immer spielen wollten. Und als schließlich Bernhard doch eine Idee hatte, wollte Philipp nicht mit ihm spielen, weil der Bernhard doof ist, und dann wollte der Bernhard plötzlich auch wieder nicht spielen, weil der Philipp sowieso oberdoof ist. Ehrlich, die beiden haben den ganzen Tag nur gequengelt und gestritten und mir auf der Pelle gehockt. Am Wochenende merkt man das gar nicht so, da wenden sie sich ja auch mal an dich. Aber so... "

Ja, Philipp und Bernhard waren mir tatsächlich den ganzen Tag über wie Schatten gefolgt. Kaum war ich zur Mülltonne hinausgegangen, waren sie hinter mir hergekrochen und hatten gefragt, was ich da machen würde. Beim Abwasch kam ich bei ihren handgreiflichen Streitigkeiten als Schutzschild zum Einsatz, das mit nassen Händen immer nur ‚nun hört doch endlich auf!' brüllen konnte. Schlich ich in den Keller, tapsten sie ebenfalls die steile Treppe hinunter. Na, und zur Toilette? - Wahrhaftig, ich war zu den Anfängen zurückgekehrt.

„Arme Maus", tröstete mich Rainer.

„Ja, arme Maus", echote ich deprimiert. „Nicht mal beim Bügeln kann ich Radio hören, weil dauernd einer dazwischenquakt und wissen will, was 'der Mann da drin' jetzt gesagt hat, und ob bei der Musik ein Klavier mitspielt, und warum die so komisch singen! Kein Blick in ein Buch, ohne das einer fragt, ‚Mama, was liest'n da?'. Es ist zum wahnsinnig werden!"

„Tja, Kinder bereichern das Leben", frotzelte Rainer.

„Aber nur um die Erkenntnis, daß man ohne vieles auskommen muß, was einem mal lieb und teuer war. Und dann auch noch dieses blöde Wetter. Wir konnten kaum raus."

„Warst du überhaupt am Postfach?" erkundigte sich Rainer.

„Hör mir auf mit dem Postfach!" röchelte ich. „Erst wollten die Herren nicht mit, wahrscheinlich, weil der Spaziergang ihre Langeweile gefährdet hätte, und als wir endlich bei der Post waren, haben sie sich gestritten, wer nun aufschließen

dürfte. ‚Ich darf aufschließen!' ‚Nein, ich!'" äffte ich entnervt. „Schließlich hat dann Bernhard aufgemacht, allerdings erst, nachdem er den Schlüssel in fünf falsche Postfächer gesteckt hatte und ihn dabei beinahe geschlachtet hätte."
„Die Ferien dauern vier Wochen?" vergewisserte sich Rainer.
„Ja, vier Wochen." Und schon fiel ich wieder in Ohnmacht.

Während meiner Göttinger Studienzeit hatte ich eine Zeitlang neben einer jungen Frau gewohnt, die in regelmäßigen Abständen ausgeflippt war und ihr kleines Kind hysterisch angebrüllt hatte. Damals empfand ich Mitleid mit dem armen Kind. Heute weiß ich - das Kind hatte Ferien. Und empfinde Mitleid mit der Mutter.
Es wurde tatsächlich grauenhaft. Jeder Schritt, den ich außer Haus gehen wollte, mußte vorher genau überdacht werden, was sich jedoch wiederum als höchst schwierig erwies, da es mir bei dem pausenlosen Geplappere, Geknattere oder Gezetere um mich herum nahezu unmöglich war, überhaupt zwei zusammenhängende Sätze geradeaus zu denken. Für Wege, die ohne Kinder zwanzig Minuten beanspruchten, weil mich Baustellen und Kinderspielplätze altersbedingt nicht mehr so recht interessieren, benötigten wir nun eine Stunde.
Ab und an begegneten mir auf diesen Kriechgängen andere Mütter, die ihre Kinder ebenso feriengeschädigt hinter sich herschleiften wie ich. Zur Begrüßung seufzten wir uns immer häufiger ein „Sind Sie auch so froh, wenn die Ferien vorbei sind?" entgegen, woraufhin sich dieser Satz rasch zur rituellen Eröffnung unserer mütterlichen Klagegesänge mauserte. Zwar beeilten wir uns, uns gegenseitig sozusagen prophylaktisch zu erklären, daß unser Nachwuchs an sich ja ganz lieb wäre, um kein allzu schlechtes Licht auf unsere Erziehung fallen zu lassen. Dann aber fingen wir, umgeben von unseren albern gackernden Kindern, an, uns vorzusingen, wie variantenreich selbige das Wort „Mama" benutzen konnten. Mama geflötet, gebrüllt, geheult. Mama, die immer Verfügbare. Wir Mamas hatten es satt.

„Glauben Sie mir, den ganzen Tag kämpfe ich gegen meine Kinder an, so blöd das klingt", erzählte mir eine Mutter, und ich nickte heftig. „Sage ich hü, sagen die hott. Denen paßt nichts. Ich habe ihnen schon angeboten, sich eine andere Familie zu suchen. Immer nur Ansprüche stellen und freche Antworten geben. Aber mal gehorchen oder mir einen Gefallen tun? Das fällt den beiden im Traum nicht ein. Stattdessen fordern sie in der Stadt tolle Puppenstuben oder Rennautos, die sie noch bräuchten, obwohl das Zimmer schon überquillt. Manchmal frage ich mich, wo das noch hinführen soll."

Ja, das fragte ich mich auch. Für die nähere Zukunft lag der Weg allerdings klar vor mir und führte zurück in die heimischen vier Wände.
Falls sich das Wort „heimelig" einmal aus dem Wort „Heim" herauskristallisiert haben sollte, so kann dies nicht in unserer Wohnung geschehen sein. Zumindest nicht während der Ferien. Unser Wohnzimmer, ansonsten wenigstens vormittags ein Ort der Behaglichkeit, sah aus, als hätte eine Horde wilder Elefanten Fliegerabsturz gespielt. Der Anblick ließ mich jedesmal rätseln, warum Rainer und ich vor fünf Jahren so sehr darauf geachtet hatten, daß unsere neue Wohnung für jedes Kind ein eigenes Zimmer bietet. Irgendwie hatten wir wohl geglaubt, sie würden darin spielen.
Über das Aussehen der Küche möchte ich lieber Stillschweigen bewahren. Im Bad hingegen kringelte sich lediglich die eine Hälfte der Sandkastenfüllung vermischt mit Seifenlauge im Waschbecken, während die andere Hälfte auf dem Boden knirschte. Und irgendein Esel hatte auch noch die Toilettenspülung betätigt, was ja an sich ruhmreich war, wäre es nicht mit „frischgewaschenen", nassen Händen geschehen.
Und dies alles mir, dem, wie Ihnen nun schon bekannt sein dürfte, ordnungsliebendsten Wesen weit und breit! Andere Mütter mögen sich angesichts solcher Stilleben lächelnd in ein gutes Buch vertiefen können - ich hingegen wischte in einem fort klebrige Türklingen ab und schaufelte immerzu wenig-

stens das Gröbste zur Seite. Hatte ich hier Kekskrümel zusammengefegt, fiel Bernhard und Philipp in der anderen Ecke Knetmasse vom Tisch und leistete keine Gegenwehr, auf dem Parkett von Kinderschuhen festgetreten zu werden. Und ganz aus Versehen ging Bernhard ausgerechnet im Wohnzimmer die Spitzerdose auf. „Glaubt ihr Deppen, ich bin eure Putzfrau?" brüllte ich.
Sie glaubten es.

Kein freies Schalten und Walten mehr, wie ich es nun seit einem herrlichen Kindergartenjahr gewohnt gewesen war. Weder meine Zeit, noch die Wohnung, geschweige denn ich selbst gehörten noch mir - meine Seele fühlte sich genudelt.
Aber was half es, zu trauern und in fünf Tagen mit dem Putzlappen in der Hand auf der Intensivstation zu liegen: die Ferien mußten schließlich überstanden werden. Es ist wohl das Beste, einen Kompromiß zu schließen, sagte ich mir ausgesprochen vernünftig. Noch vernünftiger erwies ich mich bei der anschließenden Aushandlung der Kompromißbedingungen, die letztlich vorsahen, daß ich die restlichen drei Wochen der Ferien besser mehr *mit* Philipp und Bernhard als *gegen* sie leben sollte, und ansonsten alles beim Alten bleiben würde.
Meine Söhnchen hatten mich schlicht gargekocht. Schicksalsergeben fragte ich die Herren am nächsten Morgen nach dem Frühstück, was sie mit mir zu spielen gedachten.
„Du bist das Nilpferd und wir sind die Zoowärter", wurde mir beschieden.
„Oh nein", stöhnte ich qualvoll auf. „Muß es unbedingt ein Rollenspiel sein? Ihr laßt mich meine Rolle ja nie so spielen, wie ich will."
„Na gut", stöhnte nun ihrerseits die Gegenpartei, „dann spielen wir eben Playmozirkus." Dies mochte ich ebensowenig.
„Wißt ihr, für solche Sachen bin ich einfach zu alt", versuchte ich zu erklären und fühlte mich auch so.
„Ich denke, du willst mit uns spielen? Aber nix paßt dir!" moserte Philipp zu Recht.

„Ich möchte basteln", rief da plötzlich Bernhard.
Ich versuchte, so unmerklich wie möglich zusammenzuzucken, um nicht schon wieder als Spielverderber zu gelten. Vielleicht konnte es bei dem seit Tagen anhaltenden Regenwetter sogar recht gemütlich werden, ein wenig mit Papier, Klebstoff und Schere zu hantieren! Redete ich mir gut zu.
Also holten wir voller Freude alles heran, was wir benötigten, und breiteten die Sachen auf dem großen runden Tisch in der Küche aus. Nun konnte es losgehen.
„Was wollen wir denn zusammen basteln?" fragte ich so aufgeräumt, wie der Tisch aussah.
Doch ohne überhaupt auf mich zu achten, griff Bernhard nach einem Blatt Papier, malte, nein, schmierte einen langen schwarzen Strich über die Fläche und legte dieses Produkt beiseite. Anschließend angelte er sich ein zweites Blatt, setzte einen flotten Kringel in grün darauf und legte auch dieses Blatt weg. Acht Blätter lang guckte ich fasziniert zu. Beim neunten begann ich, ungeduldig zu werden.
„Sag mal, Bernhard, was machst du da eigentlich?"
„Ich male Bilder", erklärte mir Bernhard ganz selbstverständlich.
„Warum malst du die Striche nicht etwas kleiner, dann passen mehr auf ein Blatt. Und die Rückseite kannst du auch noch nutzen", schlug ich vor und spürte, wie ich innerlich vibrierte.
„Nein", knallte mir Bernhard entgegen, „die Blätter sind voll", und gestaltete eben Blatt vierzehn.
„Bernhard, du verschwendest Papier", wurde ich deutlicher. „Du weißt doch, daß Papier aus Bäumen gemacht wird, die erst gefällt werden müssen. Komm, geh sparsamer damit um!"
„Ich brauche das alles als Geschenkpapier", verteidigte sich Bernhard, Blatt sechzehn in den Griffeln.
„Jetzt reicht's aber, male erst die anderen richtig voll", entschied ich und beschlagnahmte die restlichen sauberen Blätter, indem ich sie oben auf den Küchenschrank legte. Voraufhin Bernhard wütend davonschnaubte. Allerdings leider nur, um von meinem heilig gehüteten Schreibtisch meine heilig

gehütete Tesafilmrolle zu fischen.
„Fragen brauchst du wohl überhaupt nicht mehr", schimpfte ich. „Geh wenigstens sparsam damit um, das Zeug ist teuer."
„Ja, ja", erwiderte Bernhard und riß ein zwanzig Zentimeter langes Stück ab, das nichts besseres zu tun hatte, als sich sofort zu verheddern.
„Mama, das klebt so nicht mehr", jammerte Bernhard kläglich.
Ich biß mir voller Verzweiflung auf die Zunge.

Philipp hatte die ganze Zeit hingebungsvoll eine Toilettenpapierrolle mit neckisch kleinen Fitzelchen aus Transparentpapier beklebt, wofür er zum einen zwei völlig neue Bögen des guten Materials vollständig atomisiert hatte, um letztlich je ein winziges Eckchen zu benutzen, und zum anderen Tonnen von Kleber auf dem Hemd und in seinen Haaren zu benötigen schien. Als Krönung umwickelte Philipp alles mit einem dicken Wollfadenrest, dessen Enden sieben mal verknotet wurden, was wiederum verständlich war, da Philipp zur Zeit von Anorakbändern bis zu den Schnürsenkeln alles mindestens sieben mal verknotete.
Um wenigstens Sohn Nummer zwei nicht ebenfalls gleich anzumeckern, beschloß ich, entzückt „Na Philipp, was ist denn das für ein tolles Kunstwerk?" zu rufen, während ich mich unter dem Tisch bemühte, an Transparentpapier zu retten, was zu retten war.
„Das siehst du doch. Eine beklebte Toilettenpapierrolle mit Faden drumherum", brummte Philipp.
„Und was kann man damit machen?" fragte ich herzlich weiter, weil Kinder bekanntlich besser gedeihen, wenn sie spüren, wie sehr sie samt eigenwilliger Kreation geliebt werden.
„Nichts", antwortete Philipp. „Bernhard, krieg' ich mal den Tesa?"
„Wozu denn Tesa?" fragte ich entsetzt und steckte den Kopf unter dem Tisch hervor.
„Um die Rolle damit zu umwickeln."
„Nein", entfuhr es mir hysterisch, wobei ich Bernhard in den

Arm fiel, der eben die Tesarolle warf. „Hört sofort mit dem Mist auf!"
„Aber ich bastel doch!" trotzte Philipp.
„Ach, Quatsch! Das ist doch nichts richtiges!" seufzte ich. Vorbei der pädagogische Lug und Trug.

Irgendetwas nettes, hübsch säuberlich Verziertes hatte es meiner Vorstellung nach werden sollen, ein kleines Kazoo etwa oder ein Bild für Papas Schreibtisch. Ein Saustall war es geworden. Zumindest in meinen Augen.
Ich wußte, daß der Fehler bei mir lag. Mal wieder war ich einfach zu ordentlich, zu pingelig, zu geizig gewesen, um gelassen zusehen zu können, wie ganze Berge von Papier und Kleber in mehr als fragwürdige Gebilde verwandelt wurden. Statt der Phantasie Philipps und Bernhards freien Lauf zu lassen, legte ich ihr Fesseln an, weil ich hier zu mehr Sorgfalt mahnte und dort eine Schleife zurechtzupfte. Kurz: das Basteln der Kinder mit mir *mußte* schief gehen, weil dabei nichts schiefgehen *durfte*.
„Ach, was kann ich denn überhaupt?" fragte ich am Abend traurig, nachdem ich Rainer das ganze Fiasko geschildert, und mir der Wetterbericht nach der Tagesschau wieder nur prophezeit hatte, einen weiteren verregneten Tag in der Stube verbringen zu müssen.
„ ‚Memory' oder ‚Mensch, ärgere dich nicht' traue ich mich gar nicht mehr zu spielen, weil ständig einer der beiden heult, wenn er zu verlieren droht. Dabei schummele ich schon immer so, daß sie wenigstens abwechselnd verlieren. Das einzige, was ohne Reibereien klappt, ist vorlesen. Aber ich kann doch nicht immerzu nur vorlesen!" jammerte ich.
„Warum nicht? Wenn es ihnen Spaß macht!" meinte Rainer so trocken, wie ich mir das Wetter gewünscht hätte.
Ja, vorlesen. Ich tat es am liebsten und hatte es auch in den zurückliegenden Tagen bereits immer wieder getan, besonders abends, wenn die „alberne Stunde" drohte. Bernhard und Philipp können glücklicherweise tatsächlich zuhören, bis ihnen

die Ohren abfallen. Köstlich still ist es dann, die Kinder sitzen ruhig und denken nicht im Traum daran, ihre Zahnbürsten als Waschstraße für die Sandkastenautos zu verwenden oder den Philodendron zu entlauben.

Also marschierten wir am nächsten Morgen in die kleine Gemeindebücherei und suchten uns neue Munition aus den Regalen. Herrliche Bücher waren darunter. Am besten aber gefiel meinen Kerlchen in den nächsten Tagen das Bilderbuch von den Krokodilen, die Kopfstand übten, was sie jedesmal stark zur Nachahmung anregte.
„Mama, mach mit!" riefen sie lachend und purzelten vergnügt auf dem Teppich herum. Gutmütig wie ich nun einmal bin, quälte ich mich ebenfalls auf den Boden und fabrizierte eine Art Vogel Strauß, Kopf und Beine auf dem Teppich, links und rechts je eine Hand, das Hinterteil in der Luft.
„Nee Mama, nich' so. Einen richtigen. So wie die Krokodile", wurde ich erbarmungslos korrigiert.
„Ach nee, Kinder, das kann ich nicht", stöhnte ich. Aber eigentlich hatte es bereits begonnen, mir Spaß zu machen, auszuprobieren, ob ich es wirklich nicht mehr konnte. Denn obwohl ich nie eine besondere Sportskanone gewesen war - einen Kopfstand hatte ich in meiner zarten Jugend gerade noch fertiggebracht.
Und so stand ich nach etwa zwanzig Jahren Pause vornübergebeugt auf unserem Wohnzimmerteppich, war seinem Muster mit dem Gesicht näher als je zuvor und übte Kopfstand:
Der Hintern war zu schwer. Die Haarspange drückte. Ich nahm sie aus dem Haar, woraufhin mir letzteres prompt in der Nase kitzelte. Die Kinder hockten gespannt neben mir und warteten skeptisch auf das Lüpfen meines verlängerten Rückgrates. Ich ächzte und stöhnte. Für die Kondition sollte ich auch mal wieder dringend was tun, schoß es mir durch den hervorragend durchbluteten Kopf.
„Ach Kinder, ich kann das einfach nicht mehr", krächzte ich erneut und übte trotzdem tapfer weiter, bis Philipp dem

Drama mit einem sachkundigen „Na, laß mal Mama, ich glaube, das wird nichts" ein Ende bereitete. Erleichtert setzte ich mich auf meine vier eben noch in der Luft schwebenden Buchstaben und ordnete mein Haar.
„Mama, du hast aber eben komisch ausgesehen", gluckste Bernhard.
„Sooo'ne rote Birne", fügte Philipp kichernd hinzu und blähte informativ die Backen.
„Oh, ihr Ganoven", lachte nun auch ich und zog mir meine Sklaventreiber auf den ermatteten Schoß. „Erst hetzt ihr mich auf den Boden und dann macht ihr euch über mich lustig, ihr widerlichen Gesellen." Und alles endete in einer wunderschönen Schmuse-Tobe-Kuschel-Balgerei.

Überhaupt waren die Stimmung und selbst das Wetter mittlerweile viel besser geworden. Die ersten zwei Wochen der Ferien, die wir benötigt hatten, um wieder zueinander zu finden, waren überstanden. Richtig umgängliche und freundliche Wesen waren wir allesamt geworden, und vor allem bei Bernhard und Philipp fiel auf, wie sehr die Zahl der Schimpfwörter und auch ihre Aggressionen gegeneinander und mir gegenüber nachgelassen hatten.
Eindeutig: der Kindergarten machte Bernhard und Philipp streitsüchtig und unausgeglichen. Derart bewußt war mir dies bislang nie geworden.
Sollte mein Vater Recht gehabt haben, daß seine Enkel für den Kindergarten noch zu klein gewesen waren?, grübelte ich mit schlechtem Gewissen.
Und so bereitete es mir am Ende der Ferien sogar ein wenig Kummer, meine Kinder wieder zum Kindergarten zu schicken, obwohl sie selbst Lust hatten, hinzugehen.

Aber das legte sich. Beides.

Egal, wie man es macht...

Tatsächlich genügte bereits eine Woche harter Kindergartenalltag, um Philipps und Bernhards Repertoire an Schimpfwörtern zu aktualisieren. Doch sollte ich in Zukunft nicht nur dadurch tiefe Einblicke in die Vorgänge hinter den verschlossenen Türen erhalten.

„Guten Tag, Frau Hauenschild. Ich wollte mich Ihnen mal vorstellen, ich bin Frau Manner und hier im Elternbeirat tätig. Ich habe gehört, Sie schreiben über Kinder. Ja, und jetzt stehen hier im Kindergarten in ein paar Wochen die nächsten Elternbeiratswahlen an. Und da wollte ich Sie fragen, ob Sie sich nicht wählen lassen wollten. Weil, wir haben da immer Probleme, Leute zu bekommen. Und Sie verstehen doch was von Kindern."
Ja, so hatte alles begonnen.
Frau Manner hatte noch ein wenig in mein Gesicht hineingelächelt und dabei offensichtlich nach Spuren der Einwilligung gesucht. Sehr fündig konnte sie jedoch nicht geworden sein. Vielleicht entdeckte sie darin ein wenig Heiterkeit darüber, daß ausgerechnet ich „etwas von Kindern" verstehen sollte. Aber Interesse an einer Mitarbeit im Elternbeirat? Unmöglich.
Offengesagt liegen mir Ämter und Pöstchen in Vereinen oder Verbänden eher im Magen als am Herzen. Ich habe gerne meine Ruhe und versuche daher, möglichen Reibungspunkten mit meinen Mitmenschen dadurch zu entgehen, daß ich ihnen erst gar nicht begegne. Den Mitmenschen, meine ich. Und für eine Zusammenarbeit mit anderen Müttern und Erzieherinnen bin ich schon deshalb ungeeignet, weil mir seit meiner Wohngemeinschaftszeit während des Studiums Ansammlungen von mehr als vier Frauen, die ernsthaft über etwas diskutieren wollen, regelmäßig den Adrenalinspiegel beschlagen lassen. Nicht zuletzt deshalb hatte ich mich in meinen Berufs-

träumen stets umringt von Männern gesehen.
Also bemühte ich mich, so verbindlich wie möglich zu verbergen, daß mir der Elternbeirat gestohlen bleiben konnte: „Nee, wissen Sie, ich kann so was nicht. Das sollen mal lieber andere machen", gab ich zögernd von mir.
„Aber wieso?" fragte Frau Manner und sah mir dabei immer noch so forschend ins Gesicht, daß mir langsam unbehaglich wurde. „Da ist wirklich nicht viel dahinter!"
Als wenn es mir darum gegangen wäre. Ich hatte doch nur keine Lust! Aber diesen Mangel an Gemeinschaftssinn traute ich mich nicht offen zuzugeben, um nicht als arroganter Muffel zu gelten.
„Also gut, dann stellen Sie mich halt mit auf bei der Wahl. Aber nur, wenn Sie wirklich nicht genügend andere finden."
Andere Dumme, dachte ich und war mal wieder sauer auf mich, so wenig das sagen zu können, was ich sagen wollte.
„Das ist aber nett von Ihnen", antwortete Frau Manner und wir verabschiedeten uns.

Der Abend der Elternbeiratswahlen kam, und drei Stunden später spazierte ich mit einem dicken Ordner unter dem Arm nach Hause: als erste Vorsitzende mußte ich mich selbstverständlich mit den Sitzungsprotokollen der vergangenen Jahre vertraut machen.
Ein wenig stolz war mir nun doch zumute. So viele Mütter hatten mich gewählt, ohne mich recht zu kennen. Oder vielleicht gerade, weil sie mich nicht kannten; aber diesen Gedanken verfolgte ich nicht länger, dazu war ich zu gut aufgelegt. Immerhin hatte mir bei der Wahl jeder neue Strich auf der Tafel hinter meinem Namen eingekratzt, ich sei wer. Und plötzlich bemerkte ich zu allem Überfluß, wie ausgerechnet ich mit jedem Kreidequietschen mehr Lust verspürte, das mir anvertraute Amt ernsthaft auszuführen und ernannte mich sozusagen selbst zur oberaktiven Mutter. Zum Wohle der Menschheit. Oder doch wenigstens der 75 Kinder in unserem Kindergarten.

Bald hing im Vorraum des Kindergartens die aktuelle Elternbeiratstafel aus. Sechs Muttis und ein Papa lächelten herausgeschnitten aus privaten Fotos oder von Paßbildern mit deren unvergleichlichem Charme den Betrachtern entgegen. Bei mir persönlich hatte es ein paar Tage gedauert, bis ich in den häuslichen Alben eine Abbildung aufgestöbert hatte, auf der ich meiner Meinung nach vorteilhaft genug getroffen worden war, um der Öffentlichkeit zugänglich gemacht werden zu können. Aber schließlich lächelte auch mein Konterfei von ganz oben herab, und fortan konnte ich von Glück sagen, wenn ich Philipp und Bernhard nicht jedesmal beim Passieren der Tafel erklären mußte, warum ich dort abgebildet war und wieso unsere Adresse darunter stand.
„Bist du jetzt hier die Chefin?" fragte Philipp dann immerzu, und nach einer Weile fand ich mein Bild unsagbar scheußlich.

Nichtsdestotrotz wartete mein frischgebackener Idealismus bereits ungeduldig auf seinen ersten Einsatz, als vier Wochen nach der Wahl eine Mutter vor dem Kindergarten auf mich zukam, die mir bis dahin noch nie aufgefallen war:
„Sagen Sie, Sie sind doch die neue Elternsprecherin?" begrüßte sie mich, wobei ihr Mienenspiel allerdings selbst den leisesten Hauch eines Lächelns vermissen ließ.
„Ja", antwortete ich daher zögernd, denn mit einem Mal fühlte ich mich in meiner neuen Rolle gar nicht mehr recht wohl. Angespannt wartete ich auf das, was folgen würde.
„Also, hier in dem Kindergarten läuft ja schon einiges recht seltsam, muß ich Ihnen sagen. In dem Kindergarten, in den meine Tanita vorher ging, in Frankfurt, da wurde den Kindern doch sehr viel mehr geboten."
„Ja, finden Sie?" fragte ich, um nicht ganz wortlos dazustehen, und registrierte, wie mir der schneidend überhebliche Tonfall meines Gegenübers unter die Haut fuhr.
„Ja also, meine Tanita wird viel zu wenig gefördert. Die Bastelarbeiten sind doch ausgesprochen lächerlich. Und in der Stadt

besuchten die Gruppen auch öfter mal ein Museum oder ein Theater, alles sehr kindgerecht. Überhaupt läuft hier das meiste ungemein lasch. Nicht mal eine Elternzeitschrift gibt es, die die Eltern über alles Wichtige informiert!"

Ich antwortete mit „Hmmh", und kam mir lächerlich vor. Aber mehr als „Hmmh" fällt mir in der Regel zunächst nie ein, wenn ich unvermittelt mit anderen Meinungen konfrontiert werde. Und außerdem hatte ich tatsächlich nicht so viel Erfahrung, wie gut oder antiquiert unser Kindergarten nun einzustufen war.

Eigentlich war *ich* mit unserem Kindergarten bislang recht zufrieden gewesen. Er machte morgens pünktlich auf, und ließ meine Söhne keine Minute vor 11 Uhr 20 wieder auf mich los, das war schon eine feine Sache. Eine eigene Elternzeitschrift hatte ich noch nicht vermißt, weil alle wesentlichen Termine wie der Zahnarztbesuch oder der nächste Ferienbeginn entweder am schwarzen Brett angeschlagen oder den Eltern sogar durch Handzettel mitgeteilt wurden. Na, und die Bastelarbeiten kleiner Kinder sahen in meinen Augen bekanntermaßen auf der ganzen Welt gleich geheimnisumwoben aus, egal, ob in Frankfurt gefördert oder in Kleinhemmingshausen nicht.

Aber was bedeutete hier schon meine persönliche Meinung: Schließlich bist du die neue Elternvertreterin, rief ich mir bedeutungsschwanger zu, und vor dir steht ein aufgebrachtes Elter, also hast du dich deines Amtes würdig zu erweisen. So straffte ich ein wenig meine Schultern, verlieh mir ein ungemein souveränes Aussehen, versprach freundlich, mich um die eben genannten Dinge zu kümmern und auf der nächsten Elternbeiratssitzung zur Sprache zu bringen, und fand mich sehr gelungen.

Außerdem wollte ich nun endlich Philipp und Bernhard aus der Gruppe fischen, um mich auf den Heimweg begeben zu können. Doch als ich, dies andeutend, meine Hand nach dem Türknopf greifen ließ, fuhr die schneidende Stimme fort:

„Ach, und dann bringen Sie doch auch noch gleich vor, daß ich es nicht richtig finde, daß wir Eltern hier keine Möglichkeit haben, uns aktiv an der Gruppenarbeit zu beteiligen. Also, da bin ich anderes gewohnt. Aber der allergrößte Witz ist ja wohl, daß hier alle Kinder den selben fürchterlichen Tee trinken müssen. Meine Tochter mag ihn überhaupt nicht. Wenn sie lieber Apfelsaft mag, soll sie den auch trinken dürfen. Schließlich ist sie ein freies Wesen!"
„Ja, ist gut, das bringe ich auch noch vor", antwortete ich. Und diesmal war ich mit dem Öffnen der Türe tatsächlich schneller, als die aufgebrachte Mutter weiterrattern konnte. Aus den Augenwinkeln sah ich nur noch, wie das freie Wesen Tanita seiner Mutter zur Begrüßung vor das Schienbein trat. Ich könnte nicht behaupten, daß mich dies gestört hätte.

Während ich mit Bernhard und Philipp nach Hause ging, wirbelte mir das Gespräch immer noch durch den Kopf. Und je öfter es an meinen gefühlsbetonten Großhirnhälften vorbeirotierte, desto bewußter wurde mir, wie wurscht mir als Mutter all die Punkte waren, die diese andere anscheinend auf die Palme trieben. Ich überlegte ernsthaft, ob ich noch normal war, weil ich es offen gesagt als äußerst angenehm empfand, nicht aktiv in der Gruppe mitarbeiten zu dürfen. Na gut, ab und an mal einen Kuchen für das eine oder andere Fest zu backen, das war in Ordnung. Aber sonst? Meine Güte, wozu gab es denn den Kindergarten, wenn nicht einzig dazu, uns Eltern wenigstens vormittags davor zu schützen, mit unseren Kindern etwas unternehmen zu müssen? Und was die Förderung der Kinder anging, so war ich auch zufrieden. Singen, spielen, turnen, das Lernen von Gemeinsamkeit und Uhrzeit, ab und an ein kleiner Ausflug auf die Felder, was wollte man mehr?

Von Zeit zu Zeit kochten sie in Bernhards und Philipps Gruppe sogar alle zusammen etwas Leckeres. Zum Beispiel Kartoffelbrei. Dazu gab es einige Monate nach meiner Wahl Wiener

Würstchen mit Ketchup, was den Spuren auf Bernhards und Philipps Pullovern mittags unschwer zu entnehmen war. Problematischer erwies es sich dagegen, aus dem Kauderwelsch meiner aufgeregten Söhnchen herauszuhören, was Wiener Würstchen mit Taschenkrebsen zu tun haben sollten.
„Du Mama, der Simon wollte heute kein Würstchen essen, weil er keinen Krebs haben will. Ganz fürchterlich hat der geheult. Also, ich versteh' das nicht. In 'ner Wurst sitzen doch keine Krebse, die leben doch im Wasser. Und da heult der!"
So etwa lautete die sinngemäße Zusammenfassung des verworrenen Berichtes.
Daß Simon im Gegensatz zu Philipp und Bernhard weniger an lebende Krebse gedacht hatte, wurde mir eine halbe Stunde später klar, als unser Telefon klingelte und Simons Mutter mir aufgebracht die ganze Geschichte noch einmal in einer etwas durchsichtigeren Fassung nahelegte:
Simon war von seinen Eltern darüber aufgeklärt worden, daß Fleisch-und Wurstwaren heutzutage das reine Gift seien und man davon Krebs bekommen könne. Und prompt hatte sich Simon als vernünftiges Kind heulend geweigert, die giftigen Dinger im Kindergarten auch nur anzurühren.
„Da müßte sich der Elternbeirat mal darum kümmern, daß so etwas nicht mehr passiert", endete Simons Mutter ihren Bericht. „Das gibt es doch nicht; alle Welt weiß, wie giftig das Zeug ist, es steht in jeder Zeitung, und dann wird ausgerechnet im Kindergarten ein Festessen daraus gemacht... "
Gleich zu Anfang des Gespräches hatte ich an all die Salamischeiben, Leberwurstzipfel und Mettwurststückchen denken müssen, die sich bei uns im Kühlschrank wohl fühlen durften. Bedeuteten sie wirklich, daß ich alles und jedes gedankenlos in meinen Einkaufswagen packte? Wir ernährten uns doch nicht ausschließlich von Wurst und Fleisch! So ein kleiner Zipfel Wienerle haute doch wohl niemanden um, der ansonsten auch Vollkornbrot und Joghurt aß!
Aber irgendwie wollte ich mit Simons Mutter darüber lieber nicht näher diskutieren, denn sie klang leider ganz so, als sei

sie nicht bereit, eine fleischhaltige Meinung auch nur im geringsten zuzulassen.
Sollte sie also unbehelligt von meiner Vorliebe für saftige Steaks ruhig weiter essen, was sie für richtig hielt, wenn mir auch der kleine Simon unglaublich leid tat. Denn wie konnte eine Mutter ihrem eigenen Kind regelrecht Angst vor Lebensmitteln eintrichtern und darauf auch noch hörbar stolz sein? Eine bewußte Erziehung in Sachen Ernährung war sicher die eine, die vernünftige Seite. Panikmache die ganz andere.
„...Sollen die doch von mir aus von jedem Kind fünfzig Pfennige einsammeln, um Sojawürstchen besorgen zu können, wenn ihnen die sonst zu teuer sind. Ich wäre gerne bereit zu zahlen, wenn es um die Gesundheit meines Sohnes geht!" fuhr Simons Mutter in meine Gedanken hinein.
„Ja, das glaube ich Ihnen", antwortete ich und meinte es ernst. „Aber wenn die Erzieherinnen Geld nehmen, regen sich bestimmt andere Eltern wieder auf, weil die Kindergartengebühren ohnehin schon so hoch seien, oder so."
„Wegen fünfzig Pfennigen? Das kann ich mir nicht vorstellen."

Oh doch, das konnte ich mir mittlerweile sehr gut vorstellen. Aber ich hatte selbst diesbezüglich keine Lust, mit Simons Mutter darüber zu reden, zum Teil aus Angst, dann doch noch mit meiner barbarischen Ansicht über Sojawürstchen herauszurücken. Außerdem brachten Philipp und Bernhard schon seit ein paar Minuten deutlich zum Ausdruck, daß ihnen meine Telefonierererei auf den Wecker fiel und sie Hunger hätten. Ich hielt den Hörer daher noch ein wenig mehr in Richtung ihres mir ausnahmsweise gelegen kommenden Unmuts und bat Simons Mutter geschickt stöhnend um Nachsicht, wenn ich mich jetzt verabschieden müßte.
„Sie wissen ja, die Kinder! Aber ich werde morgen ganz bestimmt mit der Erzieherin über den Fall reden", versprach ich zum Schluß. Dann eilte ich in die Küche und kippte endlich die wartenden cholesterinschwangeren Rühreier in die Teflonpfanne, wo schon leckere zerlassene Butter mit ihren gesättig-

ten Fettsäuren lauerte.
Am nächsten Tag versprach mir die Erzieherin, mit den Kindern über vernünftige Ernährung zu reden, und Simons Heulanfall nicht unerklärt im Gruppenraum stehen zu lassen. Aber fünfzig Pfennige pro Kind einsammeln? Das klingt nur so einfach, meinte sie.

Und ich gab ihr aus ganzem, frustiertem Herzen recht. Immerhin saß mir noch knüppeldick die Sache mit den Weihnachtsgeschenken im Gedächtnis, aus der ich gelernt hatte, daß Geld ein besonderes Stöffchen sein konnte.
Seit Jahren wird in unserem Kindergarten in der besinnlichen Adventszeit gesammelt, um für sechs besinnliche Erzieherinnen noch besinnlichere Aufmerksamkeiten als Dankeschön für ihre Mühen im zurückliegenden Jahr besorgen zu können. Ich entnahm dieses Verfahren sowohl dem dicken Protokollordner als auch den Anweisungen von Frau Manner, die stets bemüht war, solche Dinge vertrauensvoll durch mich erledigen zu lassen. Also wurde wie alle Jahre ein hübsch weihnachtlich beklebter Karton samt einladend breitem Schlitz im Vorraum des Kindergartens aufgestellt und Handzettel mit der Bitte um eine kleine Spende für notleidende Erzieherinnen an die Eltern verteilt.
Das Geld klapperte reichlich. Über vierhundert Mark lagen zum vorgesehenen Abgabetermin im Karton. Was dagegen weniger geklappert hatte, waren Vorschläge, was man den Erzieherinnen denn nun eigentlich schenken könnte. Der von mir wohlformulierte Hinweis auf besagtem Handzettel, der Elternbeirat sei für jeden diesbezüglichen Hinweis dankbar, war wohl von allen Müttern geflissentlich überlesen worden. Ehrlich gesagt hätte ich es an ihrer Stelle genauso gemacht, denn wer hat schon in der Vorweihnachtszeit Lust, sich Geschenkideen für Erzieherinnen aus den Fingern zu nuckeln. Wofür hatte man uns schließlich gewählt? Uns sieben.
Oder uns eine. Denn bald wurde mir klar, daß sich die übrigen Mitglieder unseres illustren Gremiums vorzugsweise normal-

mütterlich zu verhalten gedachten. Nur Frau Scheuring litt tapfer mit mir. Und so entwarfen wir gemeinsam einsam die Vision eines Geschenkes, das für alle gleich sein sollte:
Gleiche Preislage, gleich nützlich, gleich nett und für alle bei Nichtgefallen gleich leicht weiterverschenkbar. Angesichts des stolzen Geldbetrages versteiften sich unsere Überlegungen fünf Tage vor dem Beginn der Weihnachtsferien sinnvollerweise auf Weihnachtsdecken, weil man die bekanntlich nach dem Fest ohne Hemmungen in der Schublade verschwinden lassen kann. Für ein Jahr - oder länger.
Und so opferten Frau Scheuring und ich einen dieser kostbaren kinderlosen Vorweihnachtsvormittage und legten statt Weihnachtsbraten ein, uns selbst ins Zeug, sechs gleiche Decken zu erstehen. In Worten: sechs.
Die Verkäuferinnen der einschlägigen Geschäfte blickten uns über die kärglichen Reste auf ihren Ständen hinweg deutlich entnervt an. In ihren Augen spiegelte sich die offene Frage, ob wir noch ganz bei Sinnen seien, und irgendwie hatten sie da gar nicht so unrecht. Aber bei allem Verständnis für Verkäuferinnen waren wir doch froh, als uns im letzten Geschäft eine Verteterin dieser Zunft zum ersten Mal eher mitleidig als meuchelmörderisch anguckte. Und gemeinsam schafften wir es wahrhaftig, sechs gleiche Deckchen aus den Regalen zu zaubern. Das heißt, eigentlich waren es nur fünf gleiche und ein größeres. Aber Frau Scheuring und ich beschlossen Kraft unseres Amtes, das größte Deckchen der Leiterin des Kindergartens zu überreichen. Dies machte die Sache in unseren Augen wieder enorm gerecht, zumindest nach außen hin.
Ein wenig Geld blieb uns noch übrig. Daher waren wir recht erleichtert, als uns die wirklich reizend verständnisvolle Verkäuferin vorschlug, doch noch für jede Erzieherin drei Geschirrhandtücher dazuzulegen; einen weiteren ausgerauften Laden heimzusuchen und nach sechs möglichst gleichen „wir-wissen-noch-nicht-was" zu stöbern, wagten weder Frau Scheuring noch ich.
Die Geschirrtücher waren aus Leinen und hübsch. Vor allen

Dingen hübsch praktisch, dachten wir als praxiserprobte Hausfrauen und kehrten zufrieden ins beschauliche Dorfleben zurück. Am Abend packte ich die hübschen Sachen einen Spielfilm lang zu sechs gleichen Präsenten zusammen, versah sie mit kleinen Anhängern und freute mich darauf, sie in ein paar Tagen gemeinsam mit Frau Scheuring nach der Abschlußfeier im Kindergarten überreichen zu können.

„Was haben Sie denn nun eigentlich für die Erzieherinnen gekauft?" Als hätten sich alle Mütter verabredet, schwirrte mir diese Frage am kommenden Tag gleich mehrmals um die Ohren, sobald ich mittags vor dem Kindergarten auftauchte.
„Für jede eine hübsche kleine Weihnachtsdecke und ein paar Geschirrhandtücher", antwortete ich und merkte, wie meine Stimme zum Ende hin immer nuscheliger geklungen haben mußte. „Ein paar Geschirrhandtücher" hörte sich laut ausgesprochen aber auch wirklich nicht sehr repräsentativ an, das muß ich zugegeben.
„Na ja, das Gelbe vom Ei ist das ja nicht gerade", rümpfte da auch schon eine Mutter die Nase und trat verächtlich ihre Zigarettenkippe auf dem Boden aus, was mir die Frau noch mehr ans Herz wachsen ließ.
„Was Besseres ist Euch wohl nicht eingefallen?" meinte eine andere und hakte gleich nach: „Wieviel Geld ist eigentlich zusammengekommen?"
„410 Mark", antwortete ich brav und wieder etwas selbstsicherer, denn für diese Summe konnte ich ja nun wirklich nichts, dieses Geld hatten schließlich die Mütter selber gespendet.
„Was, soviel?" entsetzte sich die Fragerin nun. „Da hätte doch ein Teil davon abgezweigt werden müssen, für karitative Zwecke oder so!"
Ich war platt. Erst hatte sich kein Mensch um die Geschenke gekümmert, und nun, wo wir sie gekauft hatten, stand ich damit im Kreuzfeuer der Kritik! In mir begann es zu brodeln.
„Ja, am besten hätte ich auf die Handzettel für die Sammlung

gleich darauf schreiben sollen, das Geld doch bitte in einen Klingelbeutel zu stecken", versuchte ich das Ganze ins Lächerliche zu ziehen, um meine Wut zu überspielen, doch darin war ich noch nie gut. „Dann hätten Frau Scheuring und ich wenigstens auch keine Probleme gehabt, unpassende Geschenke kaufen zu müssen. Die Idee ist gar nicht so übel. Man sollte sie im nächsten Jahr aufgreifen."
Ich merkte, wie mein flapsiger Tonfall die anderen verunsicherte und fühlte mich wieder gut. Warum sollte nur immer ich verunsichert sein. Aber dann war ich doch froh, als die Leiterin die bis dahin verschlossene Türe öffnete, um uns alle einzulassen und damit das betretene Schweigen daran hinderte, unangenehm zu werden.

Mein richtiges Fett sollte ich jedoch erst zwei Tage später abbekommen. Wieder vor verschlossener Tür; ich fragte mich deshalb hinterher neben vielem anderen auch, ob es sich für mich nicht langsam lohnen würde aufzuhören, meist überpünktlich am Kindergarten einzutreffen.
„Ach Frau Hauenschild, was ich Sie fragen wollte", begrüßte mich Frau Fender, die frankfurtverliebte Tanita-Mutter, und ich zuckte sogleich zusammen, obwohl ich kein schlechtes Gewissen zu haben brauchte. Schließlich hatte ich all ihre Probleme schon vor langer Zeit pflichtgemäß im Elternbeirat zur Sprache gebracht. Dafür, daß trotzdem alles beim Alten geblieben war und nun auch Klein-Tanita brav Tee schlabbern mußte, konnte ich wirklich nichts. Alle gemeinsam hatten beschlossen, die Tee-für-alle-Regelung beizubehalten, weil selbst einem Apfelsaftliebhaber zugemutet werden kann, sich kleinen Regeln zu beugen. Dies zu akzeptieren, sei eine durchaus wertvolle Erfahrung. Meinten wir.
Aber ich hatte ganz umsonst an Schnee von gestern gedacht, denn Frau Fender grämte ausgesprochen aktuelles:
„Warum hat eigentlich neben dem Karton für das Geld keine nette Weihnachtskarte gelegen? In Frankfurt konnten sich die Eltern, die etwas gegeben hatten, immer eintragen. Das habe

ich doch vermißt."
„Ja, wissen Sie, in den vergangenen Jahren lag hier im Kindergarten vor Weihnachten auch immer eine Karte aus", begann ich. „Aber das habe ich ehrlich gesagt bewußt abgeschafft, weil die Geschenke ja ohnehin von allen kommen. Wir betonen das auch beim Überreichen. Und jedes Päckchen hat einen eigenen kleinen Glückwunschanhänger. Da dachte ich mir, eine große Karte sei überflüssig, weil man sie sowieso nur einer der Erzieherinnen in die Hand drücken kann, und dann liegt sie nur herum."
„Nein, das finde ich nicht richtig. Woher wissen die Erzieherinnen denn dann, von wem das Geld kommt!" Frau Fender war wirklich empört.
„Das Geld kommt doch von allen", antwortete ich mit jenem begütigenden Tonfall, den ich früher im Stall oftmals bei erregten Muttersauen sehr erfolgreich zum Einsatz gebracht hatte. Aber den Muttersauen war es immer nur um die Verteidigung ihrer Ferkel gegangen. Frau Fender ging es um Geld.
„Ach was, Sie können mir doch nicht einreden, daß jeder hier im Kindergarten gespendet hat!" Sie kochte.
„Ich will Ihnen hier nichts einreden. Tatsache ist, daß in den letzten Jahren nicht jeder, der sich auf der Karte eingetragen hatte, Geld in den Kasten geworfen hat. Frau Manner hat das selber mal beobachtet und mir neulich erzählt. Also habe ich die Karte gleich abgeschafft."
Zum Glück kamen mir an dieser Stelle des Gespräches andere Mütter zu Hilfe und stellten sich verbal zwischen Frau Fender und mich. Ich hörte Sätze wie „auf so eine Karte kommt es doch wirklich nicht an" und „es gibt wichtigeres im Leben als Grußkarten; guckt doch eh keiner an" und spürte, wie die Anspannung aus mir wich und einer Leere Platz machte. Plötzlich fühlte ich mich schlapp und lustlos.
Machte ich denn als Elternsprecherin alles falsch? Dachte und handelte ich wirklich so anders als es die anderen erwarteten? Gut, ein paar hatten mir eben geholfen; doch wer konnte sagen, ob bei einer anderen Gelegenheit nicht diese Mütter

über mich herfielen?
Was hätte es genutzt, vorher alle Mütter zu fragen, ob eine Karte ausgelegt werden soll oder nicht? Ich kannte nun doch schon das gelangweilte und unentschlossene Schulterzucken der meisten Mütter, wenn es um derartige Dinge ging. „Machen Sie mal, was Sie meinen", sollte das bedeuten. Aber hinterher - da wußten plötzlich anscheinend immer einige besser, wie ich es hätte machen können.
Ich war sauer.

Dieser unglückselige Zustand hielt noch an, als ich am Nachmittag Philipp zur Musikschule brachte und dort die Elternsprecherin des zweiten Kindergartens unseres Dorfes stehen sah, umringt von einigen der dortigen Mütter. Die Atmosphäre schien locker.
Ich beneidete meine „Kollegin". In ihrem Reich war alles viel einfacher, schließlich gab es dort nur eine Gruppe, alle Mütter kannten sich gut, da ließ sich was bewegen, da waren fruchtbare Diskussionen möglich.
Ich ließ mich in der Nähe der Häufchens nieder, wartete auf Philipp und fing, ohne es zu beabsichtigen, einzelne Gesprächsfetzen auf. Anscheinend ging es auch dort saisonbedingt um die Weihnachtsgeschenke für das Kindergartenpersonal. Wie leicht mußte es sein, zwei Erzieherinnen und eine Praktikantin zu beschenken!
Langsam begann sich die Gruppe zu zerstreuen. Übrig blieb „die Andere". Wir hatten eigentlich noch nie richtig miteinander gesprochen, wußten nur von unseren gleichen Ämtern und grüßten uns stets freundlich. Nun befanden wir uns zum ersten Mal gemeinsam in einem Raum, ohne daß andere um uns herum waren und warteten auf das Unterrichtsende unserer gleichaltrigen Kinder.
„Ich habe vorhin ein wenig mitgehört. Was schenken Sie denn eigentlich dieses Jahr den Erzieherinnen?" fragte ich, um ein Gespräch in Gang zu setzen.
„Ach hören Sie mir bloß damit auf", stöhnte da die andere

Vorsitzende und fuhr aus offensichtlicher Sorge, ich könnte tatsächlich damit aufhören, gleich selber fort: „Diese blöden Weiber, das sag' ich Ihnen! Ich schmeiß' den ganzen Krempel bald hin, das sag' ich Ihnen! Was glauben Sie, was bei uns zur Zeit los ist! Letztes Jahr haben wir drei Mark pro Nase eingesammelt, aber das hat hinten und vorne nicht gereicht, um was Ordentliches zu kaufen. Jetzt haben wir versucht, fünf Mark einzusammeln; das Geschrei hätten Sie mal hören sollen! Ehrlich, egal, was ich mach', ich mach's verkehrt. Den einen ist's jetzt zu viel, den anderen noch zu wenig, weil die gerne öffentlich zeigen wollen, daß sie nicht knauserig sind, oder was weiß ich. Ach, die können mich bald mal alle."

„Wirklich? So ist das bei Ihnen? Und ich dachte immer, im anderen Kindergarten liefe alles so toll", rief ich überrascht.

„Ach was, Kacke. Aber bei Ihnen ist es bestimmt einfacher."

„Wie kommen Sie bloß darauf! Wir haben statt zu wenig zu viel Geld", antwortete ich, und dann erzählte ich mir meinen ganzen Frust vom Leibe. „Aber, wissen Sie", schloß ich, „im Grunde wäre dieses ganze Hick-Hack ja noch auszuhalten, wenn man wenigstens in den Elternbeiratsitzungen bei den wichtigen Sachen was erreichen würde."

„Ach, rührt sich da bei Ihnen auch nichts?"

„Fast nichts. Stellen Sie sich nur mal vor: seit ein paar Jahren ist bei uns im Kindergarten bekannt, daß einige Spielgeräte im Hof nicht ganz sicher konstruiert sind. Die entsprechen einfach nicht mehr den heutigen Anforderungen. Aber immer, wenn wir Eltern in den Sitzungen nachfragen, was denn da nun eigentlich passiert, herrscht Schweigen. Wirklich, ich habe nie vorher geahnt, daß man Themen nicht nur ausdiskutieren, sondern auch ausschweigen kann. Die Methode ist psychologisch genial. Wenn man nämlich jemanden etwas fragt und er stellt sich taub, dann wiederholt man die Frage vielleicht noch einmal, aber man kommt sich natürlich schon ein bißchen blöd dabei vor. Und wenn dann immer noch keine vernünftige Antwort folgt, dann würde ich bei Leuten, die ich gut kenne, ‚sag mal, spinnst du?' fauchen. Aber so was sagt man natürlich nicht zu einer Kindergartenleiterin, dazu ist man in der Regel zu höflich. Ja tatsächlich, die ganze Methode funktioniert hervorragend, weil wir Mütter zu gut erzogen sind."

„Und was machen Sie jetzt wegen der neuen Geräte?" fragte meine Kollegin.

„Ab und an wieder die Sprache darauf bringen und uns als höchsten Genuß anhören dürfen, daß kein Geld da sei, und die Zuschußfrage noch nicht geklärt sei und keine ich-weiß-nicht-was da seien. Das blöde ist ja, daß wir Eltern nur eine beratende Funktion haben und selbst nichts vorantreiben können. In meinen Augen ist der Elternbeirat in dieser Form eine Farce."

„Haben Sie schon mal daran gedacht, einen Streik anzusetzen? Keiner bringt sein Kind mehr hin, bis neue Geräte da sind!"

„Doch ja", grinste ich. „Aber ich will den Erzieherinnen einfach nicht den Gefallen tun, keine Kinder mehr betreuen zu müssen; irgendwie wäre ein Streik doch wirklich mehr eine Strafe für uns Mütter, von den Berufstätigen ganz zu schweigen. Dafür die Rückendeckung aller zu erhalten, ist reichlich aussichtslos." Ich atmete tief durch.

„Es soll ja Kindergärten geben, in denen zwischen Eltern und Erzieherinnen eine echte Zusammenarbeit besteht."

„Sowas hatte ich mir anfangs auch vorgestellt. Aber inzwischen... . Ach, was soll es ... ."

„Die Eltern, der natürliche Feind jeder unflexiblen Kindergärtnerin", dozierte die andere.

„Ja, so ungefähr", lachte ich und nahm den lockeren Ton erleichtert auf: „Es muß immerhin schon unangenehm genug sein, als Kindergärtnerin den ganzen Tag mit Kindern zu tun zu haben. Aber daß diese Kinder dann auch noch Eltern haben müssen - also wirklich, die reinste Zumutung!"

„Für das nächste Jahr laß' ich mich gar nicht mehr wählen. Sollen andere mal den Mist mitmachen, am besten die, die immer an uns herummeckern. Ja wirklich, nächstes Jahr ohne mich." Es hatte wie lautes Überlegen geklungen.

„Ohne mich auch." Ich grinste verschwörerisch.
„Und wissen Sie was", erhielt ich als Antwort, „ab nächsten Sommer interessiert uns der ganze Kram eh' nicht mehr. Dann dreht sich alles nur noch um die Schule."
„Meinen Sie?" fragte ich zweifelnd. „Ab August ist es doch immerhin noch ein ganzes Jahr bis zur Einschulung."
„Warten Sie mal ab. Ich habe das bei meinem älteren Sohn schon erlebt. Was ich Ihnen sage: ab diesem Sommer dreht sich für uns alles nur noch um die Schule. Glauben Sie es mir."

Und sie sollte recht behalten.

Count-down

Der 30. Juni. Daß wir daran nicht gedacht hatten!
Zugegeben, Rainer und ich hatten bei der Familienplanung vor sechs Jahren überhaupt nicht so übertrieben viel gedacht, sondern mehr gehandelt, und dies zu allem Überfluß auch noch überstürzt; was darin zum Ausdruck kam, daß die Kinder schon fast geboren waren, als Rainer und ich mit geblähten Segeln in den Hafen der Ehe einliefen.
Aber Einschulungsstichtag ist der 30. Juni. Also, *daran* hätten wir denken müssen!
So jedoch waren Rainer und ich aus der horizontalen in die unangenehme Lage geraten, sogenannte ‚Kann-Kinder' produziert zu haben. Geboren am 2. Juli. Ein idiotischeres Datum gibt es kaum.
Es bedeutete schlicht, daß Rainer und ich die Qual der Wahl geboten bekamen, Bernhard und Philipp entweder bereits mit gerade sechs Lenzen in den Ernst des Lebens hinauszuschubsen, oder besser damit zu warten, bis sie ein Jahr später als vorpubertäre Halbstarke den Rest der mit ihnen einzuschulenden Abc-Schützen um Haupteslänge zu überragen gedachten. Rabeneltern oder Glucken. Einen Mittelweg bot uns das Kultusministerium nicht an.

Zum Glück jedoch lebte unsere kleine Familie nicht alleine auf der Welt, wodurch es uns bald nicht mehr an guten Ratschlägen mangelte. Denn die bloße Erwähnung des Wortes 'Kann-Kinder' ließ die Menschen um uns herum zu wahren Pädagogikexperten werden.
„Wie alt seid ihr beiden denn schon?" fragte die Marktfrau und drückte Philipp und Bernhard je einen Apfel in die Hand.
„Fünf", antwortete ich anstelle der schmatzenden Kinder.
„Na, dann kommen sie ja nächstes Jahr in die Schule", strahlte die wohlmeinende Rundliche.
„Ja, kann sein. Wollen mal sehen. Die beiden sind am 2. Juli

geboren."
„Kann-Kinder?" vergewisserte sich daraufhin die Marktfrau mit sorgenvollem Blick und knetete vielsagend das Zeitungspapier, in das sie eben sieben Mohrrüben gewickelt hatte, bevor sie mit gütiger Stimme fortfuhr: „Also, für mich gäbe es da an ihrer Stelle kein Zögern, die Kinder zu Hause zu lassen. Was meinen Sie, wieviele Sie darum beneiden, daß Sie ihren Kindern noch ein Jahr Kindheit erhalten können! Meine Cousine hat damals mit ihrer Kleinen auch noch ein Jahr gewartet, das hat dem Mädchen viel gebracht. Glauben Sie mir, ich würde warten."
Dankend nahm ich Rat und Mohrrüben entgegen, blickte auf meine Armbanduhr und eilte mit Philipp und Bernhard zum Busbahnhof.
„Wie alt sind die beiden?" fragte der Fahrer, bevor er die Fahrscheine ausdruckte.
„Fünf."
„Na, da kommt ihr ja nächsten Sommer in die Schule", grinste der Mann die Kinder an. „Da wird euch der Lehrer schon zeigen, wo's lang geht." Anschließend widmete er sich glücklicherweise wieder seiner Bild-Zeitung, um die restlichen zwei Minuten bis zur Abfahrt zu überbrücken, und ließ uns passieren.
Philipp und Bernhard ergatterten zwei nebeneinander liegende Sitze und schlugen mir vor, hinter ihnen Platz zu nehmen. Folgsam zwängte ich mich an die Seite einer etwas oberschwesternhaft wirkenden Mittvierzigerin.
„Sind das Ihre Kinder?" fragte sie mich, nachdem Philipp und Bernhard etwa dreißig Sekunden lang ebenso zähe wie lautstarke Verhandlungen über die Rechte der Fensterplatznutzung ausgetragen hatten.
‚Nein, meine Tanten', hätte ich am liebsten geantwortet, weil ich immer noch auf den Fahrer sauer war, sagte aber wohlerzogen: „Ja", und zu den Kindern: „Jetzt gebt doch endlich Ruhe!"
„Sind Zwillinge? Kommen wohl bald in die Schule?"

„Ja", antwortete ich einsilbig, um nicht aus Versehen ein Gespräch in Gang zu setzen.
„Wir sind aber Kann-Kinder", ergänzte da Philipp über die Lehne hinweg.
Dies weckte das Interesse der Oberschwester: „Ach, wann sind sie denn geboren?" bohrte sie weiter.
„Am 2. Juli", murmelte ich.
Und nun malte mir meine Nachbarin deutlich weniger zart besaitet als die Marktfrau unaufhaltsam das Drama unterforderter Kinder auf die Seele, wobei sie ihrerseits ein paar Fälle aus der Verwandtschaft aus dem Ärmel schüttelte, in denen sich die frühe Einschulung für die Kinder als wahrer Segen erwiesen hatte.
„Schicken Sie ihre zwei mal ruhig hin, in der Schule wird auch nur mit Wasser gekocht!" rief mir die Oberschwester noch nach, bevor der Bus endlich in unserem Dorf hielt und mir samt Kindern die Möglichkeit zur Flucht eröffnete.

Ich gebe zu, daß Rainer und mich die Mannigfaltigkeit dieser Ratschläge bald ein wenig verwirrte. Je nach der Richtung, aus der der pädagogische Vortrag blies, schwankten wir wie kleine Segelboote bei Windstärke acht, bis wir von der ewigen Schaukelei regelrecht seekrank geworden waren.

Irgendwo hatte Rainer einmal aufgeschnappt, daß erfahrene Seeleute in solchen Situationen stets geradeaus den Horizont fixieren. Und so blickten Rainer und ich uns ein letztes Mal elend in die Augen, bevor wir selbige entschlossen auf unseren Nachwuchs richteten.
Dieser meldete sich seit einiger Zeit ohnehin lautstark genug zu Wort.
„Doofer Kindergarten", stöhnte Bernhard immer häufiger, wenn ich sie mittags abholte, „wann lernen wir denn endlich schreiben?"
„Der Martin hat es gut, der darf bald in die Schule, und die Stephanie auch", unterstützte ihn Philipp mit vielsagendem

Augenaufschlag.
„Spielt doch mal mit der Ulrike", setzte ich dagegen, um auszutesten, wie sehr sich die Kindergartenfreundschaften meiner Söhnchen tatsächlich auf die Ältesten in der Gruppe beschränkten.
„Oder mit Ingrid, Dennis, oder Davina", betete ich die Litanei der jüngeren Kinder in der Gruppe herunter.
„Mit denen!? Das sind doch Babys!" entfuhr es Bernhard aufrichtig entsetzt.
„Na, nun mach aber mal einen Punkt. Ulrike ist nur drei Monate jünger als du! Und die anderen kommen auch in einem Jahr in die Schule", rückte ich verzweifelt die Altersstruktur zurecht.
„Aber nicht dieses Jahr. Wir wollen *dieses* Jahr in die Schule!" motzte Philipp und raufte sich theatralisch die Haare.

Ja, der Wille war da. Doch wo blieb die Reife?
Bislang hatte ich meist ein wenig abseits gestanden und amüsiert gelächelt, wenn andere Mütter in meiner Nähe begonnen hatten, stolz herauszuposaunen, was ihr Nachwuchs schon alles konnte. Aber nun?
Nun hing ich diesen Frauen plötzlich fasziniert an den Lippen.
„Also, mein Helge, der hat mich neulich wirklich überrascht. Schenkt ihm doch meine Schwägerin zum sechsten Geburtstag ein Puzzle mit 64 Teilen und der kleine Racker hat das in zwölf Minuten fertig! Ohne jede Hilfe!"
„Ach", staunte ich verkrampft und dachte an meine beiden Helden, die erst vor wenigen Tagen lustlos an ihren Zwanzig-Teile-Puzzles herumgewurschtelt hatten, um mir letztlich gnädig das Aufräumen zu überlassen.
„Ja, puzzeln kann meine Silke auch recht hübsch", holte nun eine andere zum Rundumschlag aus, „aber noch lieber liest sie neuerdings. Hat sie sich ganz alleine beigebracht, auf Packungen und so. Hört sich ja dann niedlich an, wenn sie an englische Namen gerät, wie ‚cornflakes'. Das liest sie dann natürlich noch deutsch, hahaha."

„Hahaha", wieherte ich bemüht und verglich das Wunderkind Silke im Geiste mit Philipp, der gerade mal seinen Namen schreiben konnte. Bei Bernhard war nicht einmal daran zu denken.

Zu *klein* für die Schule waren Bernhard und Philipp andererseits nicht. Immer, wenn die beiden in den letzten Wochen im Kindergarten zufällig neben einem ihrer anvisierten Klassenkameraden aus der Tür gerannt waren, hatten mich blitzschnelle Kontrollmessungen davon überzeugt, daß wenigstens ihre Körpergrößen eines Abc- Schützen würdig waren. Die einst so zarten Pflänzchen hatten sich sogar zu respektablen Riesen gemausert. Riesengroß und riesenrüpelig platzten sie vor Energie und Tatendrang, trampelten durch ihr junges Leben, zweckentfremdeten dabei vom Küchentisch bis zur Badewanne alles und jedes als Turngerät und wollten wissen, was die Welt kostet. Mit der kindlichen Gewißheit im Rücken, daß Papa sie schon irgendwie bezahlen würde.

Nein, klein und zart waren Bernhard und Philipp nicht mehr zu nennen. Dafür aber waren sie im Vergleich zu Gleichalterigen jene Träumer geblieben, die sie schon zu Zeiten Patricks des Flinken gewesen waren. Und dies bereitete mir nun doch allmählich Sorgen.
Ach, wie gewitzt Sören und Benni waren, wenn es darum ging, eine Bande zu gründen! Zwar waren sie wegen dieser Eigenschaft bei allen Erwachsenen gefürchtet wie tätowierte Geldeintreiber auf St. Pauli, aber in schwachen Augenblicken erschien mir dies mit Blick auf die rauhe Zukunft mittlerweile erstrebenswerter als meine handzahmen Musterknaben.
Auch konnte ich mir kaum vorstellen, daß Miriam morgens transusig ihr Unterhöschen über die Schlafanzughose ziehen und nach dem Frühstück versuchen würde, die Straßenschuhe über die Hausschuhe zu stülpen, wie Philipp es gerne tat.
Und daß Richard beim Abholen aus dem Kindergarten zunächst die Straßenschuhe anzog, dann in den Anorak

schlüpfte und sich anschließend der Straßenschuhe wieder gedankenverloren entledigte, um den Heimweg strumpfsockig anzutreten, hatte ich ebenfalls noch nie beobachtet. Solche Glanzleistungen vollbrachte nur Bernhard. Dafür allerdings am laufenden Band.

Andererseits wiederum überraschte unser Nachwuchs Rainer und mich zuweilen mit phänomenalen Gedächtnisleistungen. Wenn es darum ging, wer diesmal als erster aus der Badwanne muß, übertrumpften sie sich meist gegenseitig mit Aufzählungen, wer wann was wie lange hatte machen dürfen, wobei das gedankliche Nachschlagewerk gelegentlich Ereignisse hervorbrachte, die mindestens ein Jahr zurücklagen und uns längst entfallen waren. Besonders aber wenn es ans Erzählen ging, waren Philipp und Bernhard wahre Superstars. Mit spielerischer Leichtigkeit entwickelten sie grammatikalische Gebäude wie: „Wenn ich in der Stadt keinen Luftballon geschenkt bekommen hätte, würde ich mir eine Brezel gewünscht haben", und ließen Rainer und mich wieder Hoffnung schöpfen. Schließlich hätten Konstruktionen dieser Güte meinem alten Deutschlehrer noch in der sechsten Klasse Tränen der Dankbarkeit in die Augen gezaubert.

Tagein, tagaus beobachteten wir, und damit vorzugsweise ich, die Kinder also mit Argusaugen. Was heißt beobachten. Ich sezierte sie. Und je nach Bedarf meldete ich sie in stiller Übereinkunft mit Rainer geistig an oder ab. Dieses Spielchen ging etwa folgendermaßen:

- Blickte Philipp gedankenverloren in die Mohrenkopfschachtel und sann laut darüber nach, daß nur noch sechs der begehrten Dinger in der Packung wären, wenn er von den jetzigen acht zwei essen dürfte, meldete ich Philipp an und drückte meinem erstaunten Kind verzückt die besagten zwei Mohrenköpfe in die Hände.
- Vertilgte Philipp seine Beute daraufhin im Stil eines einst von mir im Stall gehaltenen Rüsseltieres, meldete ich ihn wieder ab. Obwohl Schweine an sich durchaus intelligente Tiere sind.

- Malte Bernhard als Polizist verkleidet unsere Autonummer in seinen Notizblock und murmelte dabei auch noch die einzelnen Buchstaben und Zahlen vor sich hin, meldete ich ihn an.

Als ich ihm jedoch zwei Tage später ein Buch vorlas, meldete ich ihn rasch wieder ab. Ich las:
„Der Pirat kletterte in seinen Korb."
„Mama, was is'n klettern?" fragte Bernhard ernst.
„Das heißt dasselbe wie raufsteigen", antwortete ich und fuhr in der Lektüre fort: „Von dort blickte er über das Wasser."
„Mama, was is'n blicken?" unterbrach mich Bernhard erneut.
„Dasselbe wie schauen oder gucken", erklärte ich verwundert.
„Aha. Lies weiter, Mama."
„In der Ferne entdeckte er ein Schiff...", hier wartete ich ergeben auf die Frage, was ‚entdecken' bedeutet, aber sie kam nicht, „... und rief rasch seine Männer herbei."
„Mama, was sind Männer?"
„Sag mal Bernhard, spinnst du? Du weißt doch was Männer sind! Was ist denn los?" Entnervt starrte ich Bernhard an. „Verstehst du denn überhaupt, was ich lese?"
„Doch schon, nur bei einzelnen Wörtern bin ich eben unsicher", piepste mein Würmchen.
Bei ‚gehorchen' und ‚aufräumen' war mir das ja längst aufgefallen. Aber bei ‚klettern' und ‚Männer'?

Schon bald jedoch sollte ich erfahren, daß Bernhard und auch Philipp anscheinend wirklich in einer Phase steckten, in der sie alle Wörter im wahrsten Sinne des Wortes ‚hinterfragten'.
Peinlicherweise geschah dies ausgerechnet bei der Anmeldung zur Schule. Mittlerweile war es Dezember geworden. In den vergangenen Wochen hatten sich die Anzeichen, daß unsere Kinder für eine baldige Schulkarriere doch nicht völlig ungeeignet waren, gehäuft.
„Mama, ich schreib jetzt mal ganz oft meinen Namen", hatte zum Beispiel Philipp eines Tages verkündet und mir dabei mit Papier und Buntstift vor der Nase herumgewedelt, die ihrer-

seits über einen zu stopfenden Socken gebeugt war.
Und umständlich setzte sich Philipp neben mir in Positur und malte seinen Namen aufs Papier, immer wieder, unter-, über-, nebeneinander.
„Mama, schau!" Stolz hielt Philipp das Blatt in die Höhe.
„Fein, Schatz", linste ich über das Stopfei hinweg.
„Du Mama, wie schreibt man eigentlich Papa?"
Ich seufzte. „Ach, Philipp, laß mal, das lernst du alles später in der Schule", versuchte ich zu bremsen, weil mir der plötzliche Eifer unheimlich wurde und ich zu faul war, meine Arbeit beiseite zu legen.
„Ich will es aber jetzt wissen", bettelte Philipp. Und weich wie ich bin, legte ich das Flickzeug beiseite und schrieb in Druckbuchstaben ‚Papa' nieder.
Wieder malte Philipp, ärgerte sich fürchterlich, wenn er einen Fehler machte - und konnte es nach dem sechsten Mal fließend.
Eine Weile starrte er nun das gekrakelte PHILIPP an, schwenkte dann den Blick zu PAPA und wieder zurück zu PHILIPP, und meinte schließlich gelassen:
„Mama, ich glaube, wenn ich jetzt bei PAPA die A's durch zwei I's ersetze, steht da PIPI."
Vor Schreck rammte ich mir die Stopfnadel in den Daumen.
„Au", fluchte ich und nuckelte am Finger. „Sag mal, Philipp, woher weißt du das denn?"
„Das habe ich mir gedacht", antwortete Einstein trocken.

Auch war in jüngster Zeit ein gewisses Interesse an geschichtlichen Ereignissen nicht abzuleugnen.
„Mama, ist der Mann hier ein König?" erkundigte sich Bernhard und zeigte dabei auf ein Bild in der Zeitung, die er gerade zusammen mit Philipp ihrer ursprünglichen Faltungen beraubte.
„Ja, warte mal, das ist, glaube ich, Heinrich VIII, der hat vor fünfhundert Jahren gelebt."
„Und die hier daneben?" wollte Philipp wissen.

„Das war seine Frau. Oder besser, eine seiner Frauen. Der hatte nämlich sechs Stück", erzählte ich.
„Alle gleichzeitig?" rief Bernhard entsetzt.
„Nee, nacheinander. Immer wenn ihm eine nicht mehr gefiel, hat er sie umbringen lassen und die nächste geheiratet."
„Wie umbringen lassen?" erforschte Bernhard die Details.
„Kopf ab. Damals machte man das so."
„Und heute?" fragte Bernhard.
„Na, heute erschießt man die Frauen einfach!" erklärte Philipp über jeden Zweifel erhaben.
Ob dieses Sinns für praktische Lösungen war es schon fast nebensächlich, daß Bernhard wenig später die Zahlen von eins bis hundert aufsagte und die ersten zehn davon gemeinsam mit seinem Bruder zu allem Überfluß auch noch auf englisch intonierte. Und so entschloß ich mich, bevor ich erschossen wurde, dem Drängen Bernhards und Philipps nachzugeben und sie einschreiben zu lassen.
Erstaunlicherweise ging ich die Sache für meine Verhältnisse zunächst sogar ausgesprochen gelassen an und wußte einen Tag vor dem einschneidenden Ereignis nicht einmal, worauf meine Freundin Verena samt sechsjährigem Florian an der Hand anzuspielen versuchte, als sie mich fragte, wie ich mich fühlen würde.
„Weißt du es wirklich nicht? Morgen ist doch der große Tag!" rüttelte sie mir die Zusammenhänge ins Gedächtnis.
„Welcher große Tag?"
„Mensch, unsere Kinder werden doch morgen für die Schule eingeschrieben!"
„Naja, das ist doch nicht so was Besonderes", hakte ich das Ganze ab.
„Also du doch, für mich schon", hatte Verena geantwortet.

Am nächsten Tag trafen wir uns wieder. Ein wenig gespannt war ich nun doch geworden. Zusammen mit neunundzwanzig anderen Kindern hatte ich die Nacht als Abc - Schütze verbracht, wobei ich, wie es nur in Träumen möglich ist, zugleich

auch noch Bernhards und Philipps Mutter war, die ein paar Stuhlreihen von mir entfernt gerade von einem skrupellosen Lehrer mit langen knorrigen Hakenfingern ausgequetscht wurden. In Mathematik. Vorsagen war unmöglich. Zum einen wußte ich die Lösung selber nicht. Zum anderen zog mich der Lehrer, als ich meine frühere Klassenkameradin Ruth, die seltsamerweise wie in alten Zeiten neben mir saß, danach fragen wollte, noch weiter von meinen verzweifelten Kindern fort, wobei er sich der Ohren bediente, und stellte mich vor die Tür. Siehste, wummerte mein schlechtes Gewissen, nun sind die beiden in der Mühle drin, und du kannst ihnen nicht mehr helfen. Glauben Sie mir, es war eine der seltenen Nächte, nach denen ich froh war, aufstehen zu dürfen.
Bei Tageslicht sah die ganze Angelegenheit glücklicherweise wieder etwas weniger furchteinflößend aus. Ich fragte mich im Laufe des Vormittags lediglich, wie ich wohl auf das Schulgebäude reagieren würde. Natürlich kannte ich es von außen, schließlich war es hier im Dorf eines der markantesten Gebäude. Aber drinnen...
Wie mochte es da wohl riechen? Und wie sahen heutzutage die Klassenräume aus? Immerhin lag mein letzter Schultag, wenn ich die letzte Nacht nicht mitzählte, volle vierzehn Jahre zurück.
Es roch, wie es in Schulen eben riecht, und die Zimmer sahen auch nicht grundlegend anders aus als zu meiner Zeit. Sogar der große Schwamm lag mal wieder dort, wo er schon früher immer besonders gerne gelegen hatte, nämlich auf dem Boden, und an der Tafel stand noch die Verbesserung des letzten Diktates: ich fühlte mich wohl.
Bernhard und Philipp schien es ebenso zu gehen. Übermütig tobten sie mit einigen Freunden über den Gang, als wären sie nie woanders gewesen. Und sie paßten hierher. Waren groß genug, alt genug, robust genug.
Wir warteten auch lang genug, bevor wir schließlich als letzte an die Reihe kamen. „Kann-Kinder 11.45 Uhr“ hatte in der Zeitung gestanden.

„Ah, da sind ja zwei Kann-Kinder", begrüßte uns der Schulleiter jovial und stellte sich als Herr Obermann vor. Ich fand ihn recht sympathisch. Irgendwie müssen solche Ämter wohl nur zu meiner Kinderzeit mit streng dreinblickenden, grämlichen Gestalten besetzt gewesen sein, dachte ich einen kurzen Moment. Oder ich war einfach älter geworden. Herr Obermann führte uns in das Zimmer und machte uns dort mit Frau Herbst bekannt, die nach den weiteren Worten Herrn Obermanns Philipps und Bernhards Klassenlehrerin werden sollte. Diese Information veranlaßte mich augenblicklich, noch einmal genauer hinzugucken und mich gleichzeitig vorsichtshalber zu bemühen, schon mal einen wohlerzogenen Eindruck zu hinterlassen.
„Ja, guten Tag, Hauenschild ist mein Name, und das hier sind Bernhard und Philipp", lächelte ich artig.
„Zwillinge?" fragte Frau Herbst. Ich nickte beflissen.
„Wann sind die beiden denn geboren?" fragte der Schulleiter und musterte Philipp und Bernhard über seine Brille hinweg.
„Am 2. Juli 1985", antwortete ich nun doch grinsend, weil sich das ewige Bravsein auf Dauer als zu strapaziös erwies.
„Ja, dann ist es ja gar keine Frage, daß die Beiden in die Schule können, groß genug sind sie ja offensichtlich ", lachte Herr Obermann zurück.
„Das finde ich auch", grinste ich noch breiter, und konnte mein Glück kaum fassen: Endlich einmal war ich zum rechten Zeitpunkt an einen Menschen geraten, der mir Mut machte, das zu tun, was ich ohnehin wollte.
Während ich gemeinsam mit Herrn Obermann und seiner Sekretärin daran ging, die Anmeldungsformalitäten zu regeln, waren Bernhard und Philipp von Frau Herbst mit Beschlag belegt worden. „Kommt doch mal, ihr Zwei, wir schauen uns mal zusammen ein Bild an", hatte sie gelockt.
„Wie heißt ihr Mann?" fragte mich Herr Obermann und ich antwortete mechanisch, während ich zugleich hinter mir erlauschte, wie Philipp auf Frau Herbsts „Was siehst du da?" scheu „einen Baum" hauchte.

„Genauer", forderte Frau Herbst freundlich.
„Geboren?" fragte Herr Obermann und meinte meinen Mann.
Ich nannte das Datum und überlegte, warum Philipp noch immer nichts antwortete. Er war doch nicht doof!? Meine Güte, antworte doch, Kind!
„Beruf?" ging Herr Obermann im Anmeldeformular weiter.
„Entwicklungsingenieur." Und jetzt blieb auch noch Bernhard stumm!
„Sag's mir genauer", forderte Frau Herbst geduldig.
„Blätter, ..., und Kinder, ..., und ... und einen Hund", nuschelte Bernhard vollkommen unverständlich.
„Genauer." Nichts mehr genauer. Die Quellen waren erschöpft. Ich bin schon viel zu lange Mutter meiner Kinder, um zu erwarten, daß Bernhard und Philipp Frau Herbst nur so entgegenschleudern würden, was sie auf dem Bild entdeckten.
Aber ihre völlige Ratlosigkeit irritierte mich doch. Gut, sie machten keinen total vertrottelten Eindruck, aber sie konnten doch weit mehr! Warum, verflixt noch mal, blieben die beiden so weit unter ihren Leistungen?

Ich zuckte zusammen: Hatte ich eben tatsächlich das Wort ‚Leistung' gedacht? War ich wirklich dieselbe, die noch vor zwei Tagen einer anderen Mutter ganz souverän zu verstehen gegeben hatte, daß meine Kinder einmal nicht zu den Besten ihrer Klasse zu gehören bräuchten, da diese Position im Gegensatz zum Mittelfeld auf Dauer ohnehin undankbar sei? Und nun! Kaum roch es um mich herum nach dem Schweiß vertrackter Klassenarbeiten, dachte ich an ‚Leistung'! Ja, ich konnte mich knapp beherrschen, Frau Herbst zuzurufen, daß meine Söhne sonst nicht so verschwiegen seien und überhaupt sehr intelligent, und überhaupt...
„Na, das wird schon werden, wenn ihr zu mir in die Klasse kommt", tröstete in diesem Augenblick Frau Herbst gutmütig. „Freut ihr euch auf die Schule?"
„Ja!" riefen Philipp und Bernhard aufrichtig begeistert.
„Wißt ihr was, ich freue mich auch auf euch", lachte Frau

Herbst und schien es ernst zu meinen. Vermutlich hatten sich meine Söhne in ihren geschulten Augen gerade wesentlich normaler verhalten als von meiner mütterlichen Warte aus betrachtet.

Wir verabschiedeten uns und schlenderten nach Hause. Jetzt plapperten Philipp und Bernhard wieder wie Wasserfälle, was mich verständlicherweise ein wenig ärgerte. Immer wieder erzählten sie mir die ganze Anmeldung haarklein, als ob ich nicht dabei gewesen wäre.

„Du Mama, die Lehrerin ist aber nett", tänzelten beide um mich herum.

„Und warum habt ihr dieser netten Frau dann eigentlich nicht alles erzählt, was es auf dem Bild zu sehen gab?" konnte ich mich nach dem achten Wiederholung nicht mehr beherrschen.

„Weil ich nicht wußte, was sie wollte", antwortete Bernhard.

„Ja, aber sie hat doch immer wieder gesagt, daß sie alles noch genauer berichtet haben wollte!" rief ich.

„Was is'n eigentlich ‚genauer'? Das habe ich vorhin nicht verstanden", mischte sich Philipp ein.

Ich war entzückt. Hatte ich doch eben zwei Kinder für die Schule angemeldet, die offenbar der deutschen Sprache nicht mächtig waren. Das konnte ja heiter werden!

Vor allen Dingen in Bezug auf den Schuleignungstest, der meinen begabten Kann-Kindern spätestens im April bevorstand.

Sicherheitshalber gewöhnte ich mir in den nächsten Wochen an, bei jeder halbwegs passenden Gelegenheit das Wort ‚genauer' in die Unterhaltungen mit Bernhard und Philipp einfließen zu lassen. Von dieser Seite aus konnte also eigentlich nichts mehr schiefgehen.

Aber sollte ich nicht doch noch ein wenig mehr mit Bernhard und Philipp üben?

„Nein!" rief ich voller Abscheu und mit entrüstetem Seitenblick auf die berüchtigten Eislaufmütter, und stellte jene beiden dünnen Heftchen ins Regal der Buchhandlung zurück, die auf ihrer Rückseite versprachen, „das Kind im Erkennen von Ähnlichkeiten und Unterschieden zu schulen, um so die Denkfähigkeit auf Gebieten, die es später lernen wird, wie Mathematik und Lesen zu fördern."

„Zu fördern...", grübelte ich zu Hause angekommen, das war ja eigentlich noch kein Trimmen...

Ostern kam, und die Heftchen waren schön und bunt und faszinierten die Kinder mit ihren niedlichen Bildern samt dazu passenden Fragen wie:

- Welche Blume ist nicht die gleiche wie die anderen? Kreise sie ein.
- Welche Kuh ist anders? Male sie genauso an, wie die anderen.
- Sieh dir die Vögel an. Bei einem fehlt etwas. Male es dazu.

Eifrig beantworteten die Kinder jede dieser Fragen und malten mit heraushängender Zunge. Und als Philipp und Bernhard spitz bekamen, daß ihre Mutter ausnahmsweise keinen Tobsuchtsanfall inszenierte, wenn sie sich mit ihren Heftchen alleine in ihre Zimmer zurückzogen, was mit den teuren Bilderbüchern absolut verboten war, seitdem zwei Prachtexemplare heil hinein-, aber zerfleddert wieder herausgekommen waren, liebten meine Kinder ihre Hefte sogar noch mehr. Ja, sie spielten damit sogar Schule, wie ich etwa zwei Wochen nach Ostern mithören durfte. Bernhard war der Lehrer.

„Schüler Philipp", rief er mit fester Stimme, „hier auf diesem Bild siehst du eine Maus mit abgebissenem Schwanz. Suche das Schwanzende und kreise es ein."

Schüler Philipp quietschte vor Vergnügen.

„Schüler Philipp, beantworte bitte die zweite Frage", fuhr Bernhard unbeeindruckt fort, „welche Katze hat ihr Fressen ausgeschüttet? Male das Fressen braun an, und iß es selbst auf."

Schüler Philipp johlte.

„Und nun sage mir, welches Schwein hat auf den Teller geschissen? Haue ihm auf den Arsch."
Es tut mir aufrichtig leid, wenn ich Sie jetzt geschockt haben sollte. Aber zum einem hoffe ich, daß Sie vielleicht selbst Kinder haben, und ähnliche Ausdrücke durchaus kennen, und zum anderen stand ich selbst in der Küche und wußte nicht, ob ich lachen oder brüllen sollte. Ich entschied mich für die toleranzverströmende Zwischenform eines mittelmilde die Treppe hinaufgetadelten „Na Bernhard, nun ist es aber mal gut!" und lächelte ansonsten listig.
Kein Zweifel: Die Frageform künftiger Textaufgaben beherrschte Bernhard offenhörbar perfekt, wenn er sie auch an etwas eigenwilligen Themen austestete.
Und so war der Schuleignungstest letztlich tatsächlich ein Klacks.

Die letzten Kindergartenmonate ödeten Philipp und Bernhard entsetzlich an, und selbst mich langweilte mittlerweile alles, was mit dem dortigen Alltag zu tun hatte. Die regelmäßigen Elternabende, die anfangs für mich zum absoluten Pflichtprogramm gehört hatten, opferte ich ohne jedes schlechte Gewissen alten Filmen mit Doris Day oder neuen mit Heiner Lauterbach.
Schon lange kannte ich auch nicht mehr alle Kinder der „Zwerge". Zu viele Kleine hatten in den vergangenen zweieinhalb Jahren die weggegangenen Kinder ersetzt. So viele neue Müttergesichter umgaben mich, die sich noch verdächtig überschwenglich über die Bastelprodukte ihres Nachwuches freuten - und Kontakt suchten.
Jetzt begriff ich vollends, warum die Mütter in unseren ersten Monaten kein Interesse gezeigt hatten, sich mit mir zu unterhalten. Ich war nicht besser. Betrat den Kindergarten mit viel „Hallo" und „Grüß den Manfred" auf den Lippen und gehörte wie Bernhard und Philipp zu den „Alten". Der Kreis hatte sich geschlossen.
Im Mai flatterte uns die Liste mit den für die Schule notwendi-

gen Dingen ins Haus, und bald darauf war alles besorgt. Warum müssen Ranzen so riesig sein, war mir beim Kauf des wichtigsten Utensils durch den Kopf geschossen.
Und plötzlich lief deutlich spürbar der Count-down: noch sechs Wochen, das letzte Kindergartenfest, noch fünf Wochen, der letzte Vorsaison-Urlaub, noch eine Woche, die Abschiedsfeier für die Kindergartenabgänger, noch vier Tage, Philipps und Bernhards sechster Geburtstag, noch zwei Tage, die letzte von Sascha zermalmte Brille, der letzte Tag. Nach zwei Jahren und elf Monaten nahm ich die Turnbeutel vom Haken mit dem „Knopf" für Philipp und der „Kuh" für Bernhard, holte die Handtücher aus dem Waschraum mit den niedrigen Waschbeckileins, ließ Philipp und Bernhard noch jeder Erzieherin ein kleines Geschenk überreichen, nette Worte wechselten die Besitzer, die Kinder drückten mir die unhandlichen Mappen voller Kunstwerke der letzten drei Jahre in die Arme, und ich drückte zum ersten Mal Frau Zellers Hand und fühlte, wie der Kloß in meiner Kehle immer dicker wurde. Nicht weil ich Frau Zeller so lieb gewonnen hatte, nein, es war nur alles so unsagbar wehmütig. Das fehlt noch, Mädchen, daß du jetzt hier losheulst, dachte ich mir und riß mich so gut es ging zusammen.
„Auf Wiedersehen, und Gottes Segen."
„Ja, danke", druckste ich heraus.
Dann schlichen Philipp, Bernhard und ich ein letztes Mal zur Tür hinaus.

Drei Wochen sind seither vergangen. Ja, und morgen ist nun der große Tag. Bereits gestern sind Rainers Eltern angereist, um bei der Einschulung dabei sein zu können.
Ein kleines Fest soll es werden. Rainer hat zwei Filme besorgt, ich Spaghetti mit Hackfleischsoße und Eis als Nachtisch.
Noch lange haben wir heute abend gesessen, nachdem Bernhard und Philipp endlich in ihre Betten verfrachtet worden waren, und schwelgten in den Erinnerungen unserer ersten Schultage.

Ich war selbst überrascht, wieviel mir noch im Gedächtnis geblieben ist. Die große glänzend grüne Schultüte natürlich, mit dem gelben Kreppabschluß und einem hübschen Hänsel-und-Gretel-Motiv auf der Vorderseite, das meine Mutter noch zusätzlich liebevoll mit gelben und roten Glitzersternchen verziert hatte. Mein Ranzen aus dunkelbraunem Leder, vier Jahre lang von meiner Schwester abgewetzt, die praktischerweise in jenem Jahr aufs Gymnasium wechselte und den albernen Schnallranzen gegen die heißbegehrte Aktentasche samt Haltungsschaden umtauschen durfte. Meine Schiefertafel mit orangefarbenem Holzrahmen, auf dem das Alphabet stand, ein paar Griffel und die Lesefibel. Dunkel konnte ich mich auch noch an eine Begrüßung aller Abc-Schützen in der Turnhalle erinnern, und daran, daß meine Mutter dabei neben mir gesessen hatte. Es waren, glaube ich, überhaupt nur Mütter zugegen, am diesem ersten Schultag ihrer Kinder an der Klosterschule in Deggendorf.
Ja, und von den „Einserl" schwärmte ich vorhin noch, jenen heißbegehrten kleinen Pappkärtchen mit einer „Eins" darauf, die jedes Kind für „besondere Leistungen" erhielt. Zehn Einserl führten dann unweigerlich zum Besitz eines Heiligenbildchens, das man sich bei der Lehrerin abholen durfte.
Am begehrtesten waren dabei die durchsichtigen, bunten, zum-gegen-das-Licht-halten gewesen, die aussahen wie Kirchenfenster. Einige davon habe ich dank meiner Mutter noch heute in einem Karton liegen, schräg rechts von mir in einer der Schubladen des Schreibtisches, an dem ich gerade sitze.
Und lachend haben wir heute abend überlegt, was wohl Frau Herbst in den kommenden Jahren als Anreiz dienen mag, die Kleinen zu Leistungen zu motivieren. Sticker von ‚Ernie und Bert' oder David Hasselhoff vermutlich, wobei Großpapi keiner der drei ein Begriff war.

Nun ist es fast Mitternacht, und die anderen horchen schon an ihren Kissen. Nur ich kann noch nicht so recht zur Ruhe kommen. So, wie vor drei Jahren. Ordentlich mulmig ist mir,

wo für mein kleines Philippchen und den kleinen Baba der Ernst des Lebens an die Türe pocht. Die gepackten Schultüten liegen im Wohnzimmer, zwei glänzende Ranzen in Blau und Schwarz stehen dekorativ daneben. Ach, alles doppelt. Nicht einmal ein Probierkind habe ich, verflixt noch mal, an dem ich das Loslassen üben könnte. Kein Nesthäkchen zu Hause, das mich über das Entgleiten des größeren hinwegtrösten könnte. Zwillinge erledigen eben fast alles in einem Abwasch. Ohne Rücksicht auf ihre gluckenhaften Mütter.
Aber schließlich ich habe ja auch ihren Eintritt in den Kindergarten überlebt. Wie sie mich hinführten, mit ihren neuen Täschchen um die Hälse, und dieser Zuversicht, daß die Zukunft nur Gutes bringen kann...
So wird es wohl auch morgen wieder sein.

Ob ich werde weinen müssen? Bestimmt, wie ich mich kenne. Ob es Bernhard und Philipp in der Schule gefallen wird? Bestimmt, wie ich sie kenne. Zumindest die ersten drei Tage.

Gerd J. Holtzmeyer Verlag

Lydia Hauenschild

Wann trägt man als Mutter schon Seidenstrümpfe

20 heitere Geschichten aus dem Alltag mit Kindern.

In witzig erzählten kurzen Geschichten (und die Situation gut charakterisierenden Zeichnungen von Ursula Steen) wird der Alltag einer Mutter so hautnah lebendig, daß man/frau kaum glauben mag, daß diesen kleinen dreijährigen „Monstern“ auch täglich viele liebenswerte Seiten abzugewinnen sind.

Dieses Wechselbad an elterlichen Gefühlen kommt in jeder der geschilderten Situationen zum Ausdruck: sei es nun bei Krankheiten, den endlosen „Warum?“-Fragen; beim Problem von Sauberkeit und Ordnung, dem Umgang mit dem Taschengeld oder den sogenannten Höhepunkten des Jahres – wie Urlaub oder Muttertag.

Beim Lesen verspüren viele Eltern sicherlich Entlastung ihrer geplagten Seele, denn sie stellen schmunzelnd fest, daß es anderen auch nicht besser geht als ihnen.

(Kinderschutz aktuell)

128S., 20 Abb., geb. 19,80 DM

ISBN 3-923722-34-6

Lydia Hauenschild

Zwillinge – Die doppelte süße Last

Durch viele Gespräche entstand dieses als Ratgeber verstandene Buch, in das sowohl die Eindrücke, Erlebnisse und Anregungen anderer betroffener Elternpaare als auch persönliche Erfahrungen einflossen. Es will einen allgemeinen Ratgeber für Schwangerschaft, Säuglingspflege und -ernährung nicht ersetzen, sondern konzentriert sich vor allem auf die von Zwillingen ausgehenden Besonderheiten.

Vom Zeitpunkt der erkannten Zwillingsschwangerschaft an (dank Ultraschall in den meisten Fällen wenige Wochen nach der Zeugung möglich) bis zum Ende des ersten Lebensjahres hat die Autorin Tips und Ratschläge zusammengestellt, eingebettet in humorvolle Schilderungen der eigenen Situation. Das macht das Buch lesenswert auch für Zwillingseltern, die sich in dem Buch wiedererkennen können.

Broschur 160 Seiten

ISBN 3-923722-30-3 **DM 18,—**